あらかじめ感覚の中に存在しないものは、
何ごとも理性の中に存在することはありません。

コメニウス（井ノ口淳三訳）『世界図絵』平凡社

…・イメージを学びの翼に・…

子どもの姿からはじめる

領域・環境

【シリーズ知のゆりかご】

秋田喜代美　三宅茂夫　監

東　義也　編

みらい

監修

秋田　喜代美（学習院大学）

三宅　　茂夫（神戸女子大学）

編集

東　　義也（尚絅学院大学）

執筆者一覧（五十音順）

秋田　喜代美（前出）…………………………………………………… 序章第1節

伊藤　　哲章（宮城学院女子大学）…………………………………………… 第2章

小野瀬　剛志（仙台青葉学院短期大学）……………………………… 第8章第1・2節

久保田真規子（新潟中央短期大学）…………………………………… 第5章第2・3節

鈴木　まゆみ（新島学園短期大学）…………………………………………… 第1章

髙橋　多恵子（青森明の星短期大学）………………………… 第8章第3・4・5節

土橋　久美子（白百合女子大学）……………………………………………… 第7章

梨本　　竜子（新潟青陵大学短期大学部）…………………………………… 第6章

東　　義也（前出）………………………………………………………… 第10章

松山　　寛（帝京科学大学）……………………………………… 第5章第1節

三宅　　茂夫（前出）……………………………… 序章第2・3節、第4章

山﨑　　裕（尚絅学院大学）…………………………………………… 第3章

横峯　孝昭（鹿児島女子短期大学）………………………………………… 第9章

渡辺　陽介（文京学院大学ふじみ野幼稚園）……………………………… 第7章

監修のことば

　みなさんは、Society5.0という言葉を聞いたことがあるでしょうか。人類は狩猟社会（Society1.0）からはじまり、農耕社会（Society2.0）、工業社会（Society3.0）を経て、現代の情報社会（Society4.0）へと進んできました。そして、この先にやってくる新たな社会を指す言葉がSociety5.0です。2016（平成28）年に第5期科学技術基本計画においてわが国が目指すべき未来の姿として初めて提唱されました。

　それは、「IoT（Internet of Things）で全ての人とモノがつながり、様々な知識や情報が共有され、今までにない新たな価値を生み出す社会」とされています。わたしたちの暮らしは利便性を追い求めて日々進歩しています。しかし、効率性の良さだけを追い求めていても、一人一人の子どもにとって良い保育・教育をおこなうことはできません。

　人生の最初期である乳幼児期。この時期の最も活動的な時間を、多くの子どもたちは現在、保育所や幼稚園、認定こども園など、「園」という場で過ごすことが多くなっています。時代が大きく変化しようとしている今だからこそ、「子どもたちが生きていくために、本質的に必要なものは何か」「求められる資質・能力を育むための保育の場は、どうあれば良いか」をじっくり考えることが必要です。

　「子どもは未来からきた存在である」という言葉があります。この言葉に象徴されるように、今ここで未来の社会のあり方を示してくれるのは子どもです。子どもは、れっきとした市民です。その姿や声、権利を私たちはどのように見つめ、聴き取り、守っていくことができるでしょうか。そこに、保育者のあり方が問われていると思います。

　本書には、三つの特徴があります。

　第一に、子どもの「姿」に寄り添うことをテキスト編成の理念と掲げていること。第二に、そのために各章のはじめに具体的な問いとエピソードの事例を入れていること。そして第三に、各章扉頁のめあてと章最終頁に学びの振り返りのために、まとめと発展にわけた演習課題を設けていることです。子どもの具体的な姿をイメージできることは、子どもを見る目につながり、保育者に求

められる必須の専門性です。

　この三つの特徴を込めた本シリーズが、やがて保育現場で活躍するみなさんや、すでに保育の場におられるみなさん、保育者養成に携わるみなさんのお役に立つことを心から願っております。

2020 年春

シリーズ企画監修者　秋田喜代美・三宅茂夫

はじめに

　今回の「シリーズ知のゆりかご」のキーワードは、「子どもの姿からはじめる」です。どんな優れた保育の環境や技術を揃えても、目の前の子どものためにならなければ意味がありません。したがって、ありのままの子どもの今の姿を知るところからはじめようというのが、このシリーズに一貫して流れる考え方です。では、その知るというのはどういうことでしょう。子どもの姿を知って、私たちはどうしたいのでしょうか。あなたの考えは次のどちらですか。子どもについて「説明したい」のか。それとも「理解したい」のか。

　一般に科学と言われる事柄の多くは前者です。様々な現象について探究し、研究して明らかにしようとします。自然科学や人文科学の多くはそういう類の学問です。それはそれで高度な学問体系を持っており、人類の進歩に役立ってきました。しかし、保育学とか教育学という学問は少々違います。生身の人間を対象としており、それを育もう、そのためにはどうしたらよいか、ということを追究する学問だからです。だから、子どもについて研究して結果を理論的に「説明」することは、参考にはなってもそれだけでは十分ではありません。子ども一人一人の思いや心の表現を「理解」して、保育という実践につなげていかなければならないのです。

　このシリーズは「子どもを大事にしよう」「子どものために考えよう」ということを中心軸に持っています。この領域・環境のテキストも、子どもというのはどんな存在で、どんなふうに環境に働きかけるのか、そして、どんな環境を子どものために構成したらよいかなどを考察していきます。わかりやすいエピソードを各執筆者が書いてくださったので、子どもの姿を思い浮かべながら読んでみてください。

　「環境を通して行う教育」。これは保育の基本の基本として大事にされてきたキーワードです。それは、「子どものために」行われるというのが大前提です。故津守眞先生はある講演の中で、「保育とは子どもの夢を叶えることです」と訴えました。私もその通りだと賛同します。このテキストから学ぶ学生が、子どものために心を砕き、子どものために汗を流せる保育者になっていくことを切に願います。

2020 年 2 月

編者　東義也

目次

本書はモデルカリキュラムに準じて、第1部は「領域に関する専門的事項」、第2部が「保育内容の指導法」となっています。

第2部　保育内容「環境」の指導法
—子どもから考える・子どものために考える—

第5章　保育所保育指針、幼稚園教育要領、幼保連携型認定こども園教育・保育要領における領域「環境」… 95

第10章　これからの保育内容・環境⋯⋯⋯⋯⋯⋯⋯⋯⋯⋯ 157

●エピソード（事例）について

本書に登場するエピソード（事例）は、実際の例をもとに再構成したフィクションです。登場する人物もすべて仮名です。

序章　保育・幼児教育の基本

第1節　子どもの「姿」は未来を示す鏡

1. 資質・能力の表れとしての姿

　世界が急速に変化していく現在、未来の社会のありようを予測することが困難な状況になっています。ICT の急速な発展や環境問題等により、グローバルな規模で社会の構造が変わりつつあります。予測のつかない世の中を生き抜いていかなければならない子どもたちに、私たち大人はどのような保育・教育を贈ることができるでしょうか。

　2017（平成 29）年に告示された幼稚園教育要領、保育所保育指針、幼保連携型認定こども園教育・保育要領、そして学習指導要領は、この問いに答えようとしたものです。改訂(定)の最も大事な考え方（真髄）は、幼稚園教育要領の「前文」に以下のように書かれています。

幼稚園教育要領

　これからの幼稚園には、学校教育の始まりとして、こうした教育の目的及び目標の達成を目指しつつ、<u>一人一人の幼児が、将来、自分のよさや可能性を認識するとともに、あらゆる他者を価値のある存在として尊重し、多様な人々と協働しながら様々な社会的変化を乗り越え、豊かな人生を切り拓き、持続可能な社会の創り手となることができるようにするための基礎を培う</u>ことが求められる。このために必要な教育の在り方を具体化するのが、各幼稚園において教育の内容等を組織的かつ計画的に組み立てた教育課程である。

　教育課程を通して、これからの時代に求められる教育を実現していくためには、よりよい学校教育を通してよりよい社会を創るという理念を学校と社会とが共有し、それぞれの幼稚園において、<u>幼児期にふさわしい生活</u>をどのように展開し、どのような資質・能力を育むようにするのかを教育課程において明確にしながら、社会との連携及び協働によりその実現を図っていくという、<u>社会に開かれた教育課程</u>の実現が重要となる。

（下線は筆者）

これは幼稚園教育要領の文言ですが、保育所保育指針や幼保連携型認定こども園教育・保育要領もこの精神を共有し作られています。

その核となる考え方は、「資質・能力」を育むということです。この「資質・能力」は「コンピテンシー（competency）」と呼ばれます。国際的にも、特定の知識・スキルの育成から、コンピテンシーとしての資質・能力の育成へというカリキュラム改訂が行われています。そして資質・能力が具体的にどのように育っているのかをとらえること、園生活の中での表れが子ども一人一人の具体的な「姿」になります。

2. 「子どもの姿ベース」の保育の計画と展開

たとえば、欧米等で保育が語られる時には、「子どもに○○の能力が育ったから、□□な行動の変化が表れた」という解説をすることが多くありました。これを個人内在的な見方といいます。一方、日本では、環境や仲間との関係の中で表れる子どもの姿によって、それぞれの子どもの育ちをとらえることを大切にしてきています。仲間との関係の深さ、相手を思いやる心は、目で見ることができません。スキルや知識のように能力として数値化することもできません。それは、ふとした時の「姿」に表れます。日本の保育・幼児教育は、人との関係や環境の支えの中で表れるこのような子どもの「姿」を大切にしてきました。それが今回の改訂（定）に表れているわけです。

園生活の中で、「今・ここの子どもの姿」をもとに、その中で育ちつつある部分をふまえて、保育者は次への「ねらい」を考えます。その時に「資質・能力」のキーワードが参考になります。そしてそのねらいに向かうために必要な活動を考えるために、「幼児期の終わりまでに育ってほしい姿」としての10の姿が考えられました（21ページの図3を参照）。ここに挙げられているキーワードに、その具体的な表れの様子が書かれています。そして、その姿が表れることを思い描きながら環境を構成し、保育者の配慮を考え、保育を実践することが、「子どもの姿ベース」の保育の計画と展開となります[1]。「幼児期の終わりまでに育ってほしい "力"」ではなく、「姿」と記されている理由を理解いただけたでしょうか。子どもの姿ベースの計画と保育の展開がこれからに求められる資質・能力を育てていきます。

子どもたちの現在（いま）の姿は、私たちの未来を示す鏡であるともいえます。子ども

子どものどんな姿がみえるかな？

たちの笑顔あふれる姿、全身で泣いて訴える姿、たたずむ姿……それらの中に、子どもが拓く可能性や創造性を観とり、希望を感じとることが、専門家としての保育者に求められています。

③. 大切な環境の構成・再構成と遊び

学校教育法の 22 条には、わが国の保育・幼児教育の大切な基本となる考え方が記されています。

学校教育法
22 条　幼稚園は、義務教育及びその後の教育の基礎を培うものとして、幼児を保育し、幼児の健やかな成長のために<u>適当な環境を与えて</u>、その心身の発達を助長することを目的とする。　　　　　　　（下線は筆者）

「適当な環境」とは、いい加減な環境という意味ではありません。保育者がこれなら適切と判断して一方的に与えた環境ではなく、子ども側に選択の余地がある環境という意味です。ふさわしいものを準備しますが、それが子ども一人一人が、様々な時に、ちょうどあうよう主体的に選べることが適当という言葉の意図するところです。

環境とは、いわば乳幼児にとっての学びの素材であり教材です。教科書を使わない保育・幼児教育にとって、環境こそが教材となります。それは物的環境だけを指すのではありません。保育者も友達も、その子どもから見ると大事な人的環境です。物的環境と人的環境が組み合わさることによって、子どもにとって意味ある環境となります。保育者や友達こそが最も重要な人的環境といえます。また、「社会に開かれた教育課程」「全体的な計画」の理念として、地域の様々な人や場もまた環境となっていきます。

環境は一度準備し構成すればよいのではなく、子どもの活動や育ちに応じて、また子どもと共に、さらに再構成していくことが、子どもにとって真に意味ある環境となるために大事になります。

乳幼児にふさわしい生活とは、子どもたちが知的好奇心や興味・関心を持って環境に自ら関わり、心身を十分に動かしながら自分の持てる力を発揮し、戸外や室内において仲間と楽しめる生活です。この意味で、本章の冒頭に紹介した幼稚園教育要領の前文に記されているように、保育のもう一つ大切な基本は、「遊び」を中心として、「乳幼児にふさわしい生活を保障」していくことにあります。

4. 遊びと学びに向かう力

　乳幼児期は、子どもの発達の個人差や家庭での生活経験の違いも大きな時期です。運動機能や知的機能が伸び、対人関係もぐんぐん広がっていきます。言葉の獲得も急速に進みます。自分が持っている力や経験を生かし、新たなことをそのやりとりからまねしたりしながら、取り入れて学び、自分でもくり返し使ってみることで、身につけ、育っていきます。したがって、子どもが自ら能動性を発揮でき、主体的に取り組むことのできる活動としての「遊び」を中心とする生活を園での経験として保障していきます。

　子どもは園でただ遊んでいるわけではありません。図1は、筆者自身も調査に関わった遊びと学びのつながりに関する研究結果です。5歳児3学期の姿から、園で自由に遊びこむ経験が多い多群の方が少群に比べて学びに向かう力が育っていることが明らかになりました。主体的、協働的、対話的であることが、深く遊び込むことにつながり、ひいては学びに向かう力を育みます。

　しかし、学びのために遊びを行うのではありません。「遊ぶことで何が学べるのか」と問うのではなく、遊び込むことでさらに「その遊びが子どもの手でどのようにおもしろくなっていったか」を問うてみることが、結果として学びや育ちを保障していくことになります。

遊びが学びに
つながります。

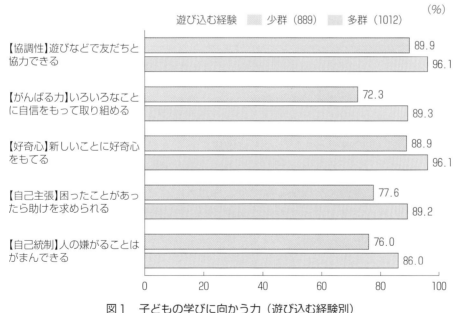

図1　子どもの学びに向かう力（遊び込む経験別）

出典：ベネッセ教育研究所「園での経験と幼児の成長に関する調査」2016年

5. 「領域」という考え方

　子どもたちの資質・能力を育むためには、好きなことだけをやっていれば
よいというわけでもありません。植物や虫を見て、土や泥にふれ、初めての
遊びに取り組むなど、乳幼児期に様々な経験をしておくことが、やがては生
きる力を培う基礎となっていきます。そこで、在園中に様々な内容の経験を
積み重ねていくことができるようにと考えられたのが、「領域」という枠組
みです。

　幼稚園教育要領、保育所保育指針、幼保連携型認定こども園教育・保育要
領では「領域」を設け、その「ねらい」及び「内容」とその「内容の取扱い」
を示しています。ねらいは、育みたい資質・能力を子どもの生活する姿から
とらえたものです。内容は、ねらいを達成するために指導する事項です。内
容は「健康」「人間関係」「環境」「言葉」「表現」の5領域で構成されます。

　領域は、小学校以上の教科と同じではありません。国語なら国語、算数な
ら算数と言った具合に、領域別に時間で区切ったり、場所を変えて活動をし
たりするわけではありません。幼稚園教育要領では、内容を「総合的に指導」
することを示しています。

5章の図5－1（96
ページ）もみてみよう

幼稚園教育要領

第2章　1節 ねらい及び内容の考え方と領域の編成
　内容は、幼児が環境に関わって展開する具体的な活動を通して総合的に指
導されるものであることに留意しなければならない。

　領域は、食事の栄養素のようなものです。料理人は、栄養素についての知
識をもち、その栄養素がその食事にどのように入っているかを知っています。
しかし、料理としては、何よりも一緒においしく味わえることが大切です。
料理をおいしく味わっているうちに健康で元気な体になるように、遊びを熱
中して楽しんでいるうちに子どもの心身が育っていきます。

　たとえば、着替えを援助しながら、保育者が「きれいになってきもちいい
ね」と子どもにまなざしをむけて声をかけ、そこで子どもがほほえみ返すよ
うなやりとりには、養護と教育が一体となっています。このことも、小学校
以上の教育とは異なる、保育の基本の一つです。

　幼児期の教育は「目に見えない教育方法である」と述べたのは、教育社会
学者のバジル・バーンスタインでした[2]。それは、教育の成果が見えない（見
えにくい）という意味です。日々くり返される生活の中で、子どもの育ちの
「姿」をていねいにとらえるまなざしを持つことを心がけていきましょう。

第2節　幼児教育・保育の基本からみた 「資質・能力」の育成

1. 教育・保育変革の流れ　―コンテンツ・ベースとコンピテンシー・ベース―

　2018（平成30）年度より幼稚園教育要領や保育所保育指針、幼保連携型認定こども園教育・保育要領（以下、要領等とする）などが改訂（定）実施され、その後も小・中・高・特別支援学校の学習指導要領が順次実施されます。今回の改訂の背景には、国際社会の著しい変化の中でわが国の担い手として、将来豊かにたくましく生き抜いていける人間像や、変動する社会で豊かに自己実現できる力を備えた人材の育成に関する考えや、求められる学力観があります。

　その際、議論された学力観は二つありました。一つは、学習の内容（領域固有な知識・技能）を中心・基盤とした、教科や領域の一つ一つを各授業で累積していくような学力で、「何を、どれだけ知っているか」に関する能力（「コンテンツ・ベースの能力」）です。もう一つは、思考力や意欲、社会スキルなどを中心とした、自己調整して取り組む意欲や協働的に問題を解決したり、相手と交渉したりしながら問題を解決するような力のことです。具体的には、達成への意欲や粘り強さ、問題解決能力、自己学習力、対人関係能力、社会参画能力、コミュニケーション能力などの「非認知能力」のことをさし、「どのように問題解決を成し遂げるか」に関する能力（「コンピテンシー・ベースの能力」）のことです。昨今、非認知能力の重要性について社会的関心は高く、それらを育てるうえでの就学前教育については、多様な視点からその有効性や重要性が明らかにされています[*1]。

　今回の要領等の改訂では、就学前から高等学校までの教育を貫く人間観や資質・能力観において非認知能力の重要性への見直しから、「資質・能力」としてコンテンツとコンピテンシーの調和的な育成を目指しています。

2. 幼稚園教育要領等改訂のポイント

　要領等の改訂については、次のページの6点がポイントとして示されました。

*1
ヘックマンは非認知能力の重要性について「就学前教育は、その後の人生に大きな影響を与える。就学前教育で重要なのは、IQに代表される認知能力だけでなく、忍耐力、協調性、計画力といった非認知能力である」ことを述べています（ヘックマン J.J『幼児教育の経済学』東洋経済新報社　2015年）。

- ・カリキュラムレベルでの教育の根本的な見直し
- ・学校教育で一貫して育成する「資質・能力」の三つの柱の明確化
- ・各校種において育てる姿の明確化と評価の客観化
- ・カリキュラム・マネジメントによる教育課程の再編
- ・アクティブ・ラーニングによる指導の改善・充実、工夫
- ・保幼小の連携の具体化、実質化

　これらのポイントが示す方向性は、保育や教育を通して一貫した「資質・能力」を育成するための教育課程等をカリキュラム・マネジメントの考え方に基づいて編成し、ふさわしい教育方法（アクティブ・ラーニング）の展開と適切な評価を示したものです。保幼小をはじめ各校種間での連携・接続は、一貫した保育・教育を展開するうえで不可欠となっています。

３. 幼小接続と資質・能力の三つの柱

　要領等に示された「幼児教育において育成すべき資質・能力」は、小学校以降の学習指導要領に掲げられた育成すべき資質・能力の三つの柱とつながるものです。図2は、それらのつながりを図式化したイメージです。遊びを通しての総合的な指導を前提とする中で、幼児教育における育成すべき資質・能力の三つの柱についても説明されています[3]。

　小学校以降の資質や能力の「知識や技能」「思考力・判断力・表現力等」に、幼稚園教育等では「基礎」という表記が付加されています。これは幼児期と学童期以降の発達特性の違いにより、とくに指導において配慮が必要であることを表しています。それらは「遊びや生活の中で」直接的・具体的な体験などを通して総合的に指導されることから、園生活等における環境や体験の質が重要となります。

４. 資質・能力の育成に向けた教育内容

　資質・能力の育成に向けた教育内容の改善・充実のためにカリキュラム・マネジメントの観点から、教育時間外の教育課程も含めて園生活全体をとらえた「全体的な計画」の考え方が要領等に位置づけられました。また、幼小の円滑な接続教育の観点から、5歳児修了時までに育ってほしい具体的な姿を「幼児期の終わりまでに育ってほしい姿」（10の姿）として要領等に明記されました（図3）。これらは要領等に示される5領域の「ねらい及び内容」

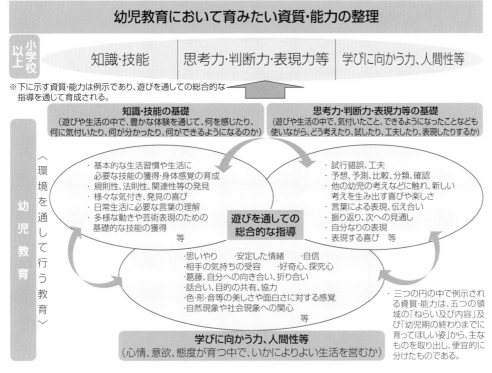

図2　資質・能力の三つの柱に沿った、幼児教育において育成すべき資質・能力の整理イメージ
出典：文部科学省　中央教育審議会　教育課程部会　幼児教育部会「幼児教育部会における審議の取りまとめについて（報告）」2016 年

に基づく教育活動の全体を通して、資質・能力が育まれている子どもの卒園を迎える時期の具体的な姿であり、指導の際に考慮するものとされています。10 の姿は、すぐに小学校以降の教科に直接つながるものばかりではありませんが、その後の子どもの学校生活や各教科の学習などの基盤となり、資質・能力の基礎となっていくことは確かです（80 ページの図 4 − 2 参照）。

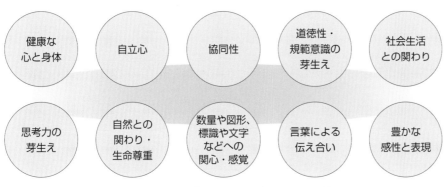

図3　幼児期の終わりまでに育ってほしい姿

出典：文部科学省「幼稚園教育要領」2017 年

5. 資質・能力の育成に向けた教育方法

　資質・能力を育む教育方法として、全校種で一貫したアクティブ・ラーニングを重視した「主体的・対話的で深い学び」に向けた教育方法が打ち出されました。幼児教育においては、これまでも幼児期の学びが遊びを通して多様な形態・状況で実施されてきたことから、5歳児後半では指導計画等のねらいに応じて以下の三つの留意点をふまえて指導することとされています[4]。

---

①直接的・具体的な体験の中で、「見方・考え方」を働かせて対象と関わって心を動かし、幼児なりのやり方やペースで試行錯誤を繰り返し、生活を意味あるものとして捉える「深い学び」が実現できているか。

②他者との関わりを深める中で、自分の思いや考えを表現し、伝え合ったり、考えを出し合ったり、協力したりして自らの考えを広げ深める「対話的な学び」が実現できているか。

③周囲の環境に興味や関心を持って積極的に働き掛け、見通しを持って粘り強く取り組み、自らの遊びを振り返って、期待を持ちながら、次につなげる「主体的な学び」が実現できているか。

　図4は、アクティブ・ラーニングの上記の三つの視点を踏まえた、幼児教育における学びの過程のイメージです。この図では「遊びのプロセス例」「深い学び」「対話的な学び」「主体的な学び」が関係づけて示されています。子どもが環境と関わり、学びを「主体的・対話的で深い学び」としてくためのプロセスが示されており、子どもの遊びや生活における学びの深まりや、保育者の具体的な援助の在り方について示したものとして参考になります[5]。

　環境による教育・保育は、「環境があれば、与えれば、何かを学ぶだろう」ということでは、資質・能力の育ちを保障することはできません。保育者は子どもが生活や遊びの中で環境にどのように関わり、何を思い、考え、表現しているのかを深く理解し、適切・的確に援助できるかが問われます。

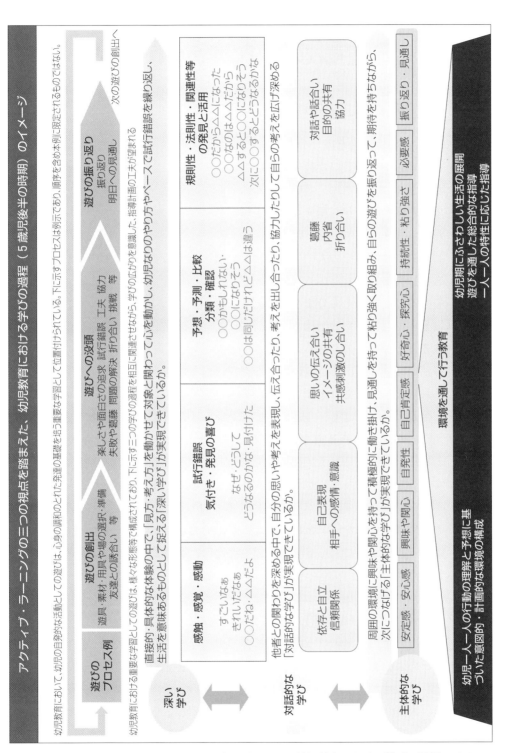

図4　アクティブ・ラーニングの三つの視点を踏まえた、幼児教育における学びの過程のイメージ

出典：文部科学省　中央教育審議会　教育課程部会　幼児教育部会「幼児教育部会における審議の取りまとめについて（報告）」資料2　2016年

第3節　保育者に求められること、養成校の学びに求められること

1. 保育者に求められる資質

（1）よい保育者とは

　子どもたちは長い学校生活の中で、たくさんの人たちに出会い、多くの事象と関わりながら様々なことを学んでいきます。中でも、保育者や教師との出会いがその人の生き方に大きな影響を与えたというエピソードを聞くこともよくあります。子どもにとって保育者や教師は、ある時には先達となって道を示し、親やきょ

よい先生ってどんな先生？

うだいのような、また友のような存在となって支えられ、ともに道を歩んでくれる存在でもあります。

　保育者や教師はモデルとなって模範を示すだけでなく、子どもとともに考え、より善く生きる道を探る存在です。しかしながら、「反面教師にする」という言葉があるように、負のモデルとして子どもの現在や将来に影を落とすような影響を及ぼしかねない存在でもあるのです。

　保育者を目指す学生のみなさんの多くは、「よい先生になって子どもたちのために役立ちたい」と日々考え、学んでおられることと思います。それでは、子どもたちにとって「よい先生」とは、いったいどのような存在なのでしょうか。

（2）育ちや学びを保障していくための営み

　みなさんが子どもだった頃のことを思い返してみてください。保育者や教師とのよい思い出やそのありがたみを感じさせてくれた印象をたどってみると、どちらかと言えば「優しい、おもしろい、受容してくれたなど」の人格性（人間性）の面が思い浮かぶのではないでしょうか。しかしながら、子どもたちには気づかれにくいのですが、保育者や教師の専門性から生じる影響も大きいのです。

　いくら優しくて、おもしろくて、気前のよい保育者や教師であっても、子どもの発達や生活の様子などの実態や内面を深く理解できないようでは、退屈で不適切な保育や授業になりかねません。そのような関わり方では、子ど

もたちが興味や関心、満足感や達成感、効能感、好奇心や探求心などを発揮しながらいきいきと遊びや生活をすることは難しいはずです。子どもの立場からすれば、園や学校生活での遊びや活動、学習などがそこにあり、保育者や教師とともにただそれを行っていたという感覚かもしれません。実は、それらは子ども一人一人を深く理解し、その時々に応じた専門的な視点からの育ちや学びを保障していくための営みが計画的に進められた結果によるものとも言えるのです。

（3）保育者に求められるもの

　初等教育の父といわれるペスタロッチ（Pestalozzi, J. H.）は、教師は人間形成者としての資質（personality）である真実に満ちた人間愛と教育愛をもった「人格性」の上に、自己の「専門教科の学問的実力（ability）」と「教授方法（skill or technique）」を持つべきであると述べています。ペスタロッチは 18 世紀に生まれた教育者ですが、このことは基本として現在も大切にされています。

　人格性については、ある程度イメージしやすく、日々の保育で大切にしようとする意識は明確であると思われます。しかし、保育の専門性である「専門教科の学問的実力」（各専門領域のバックボーン（背骨）となる発達に関する知識や、環境の学問的・文化的視点などからの理解と価値づけに関する知識など）や「教授方法」（環境の構成や保育の方法、技術に関する理論や実践力など）については、書籍を読んだり、研修を受けたり、研究保育をするなどをして時間をかけて学んでいく必要があります。

（4）人格もスキルも磨こう

　その上で、現代の専門職である保育者の職務の遂行においては、次の3つのスキル、「コンセプチュアル・スキル」「ヒューマン・スキル」「テクニカル・スキル」などを調和的に発揮していく力も求められています。

・「コンセプチュアル・スキル」…人間の内面的な思考様式に関する技量のことで、広い視野と先見性、創造力、分析力、論理性、構成力、応用力などの認識的側面や教育観、子ども観などのことを指します。
・「ヒューマン・スキル」…人間関係構築・維持に関する力量のことで、人間理解力や感性に支えられた対人関係能力のことです。
・「テクニカル・スキル」…目に見える実践的技量のことで、専門的知識と指導技術、科学的研究法や専門を支える教養、適切なメディアを活用する表現能力、教育指導技術の蓄積などのことを表します。

免許や資格を手にすればその日から保育者となるのではありません。より
よい保育者になろうとする精神や、子どもに思いを寄せ・寄り添い、子ども
を中心とした日々の具体的な保育の専門性の研鑽によって、はじめて真の意
味での保育者となりうるのです。

（5）保育における「育ち」と「育て」

　ちょっと厳しい書き方をしましたが、ほんとうに子どものことが好きで、
子どもの心や思いを素直に受け止めることのできる人なら、子どもたちのた
めに心からがんばりたいと思えるようになるようです。
　「先生、実習に行って、本当によかった」
　保育実習から戻るなり開口一番、ある学生が言った言葉です。学生たちから
は、さらに「別れるのが本当につらかった。こんな自分でも、あんなに慕っ
てくれました」「もう少ししっかりピアノを練習しておけばよかった。リク
エストされたアンパンマンマーチが弾けなかった」「言葉の発達についてもっ
と勉強しておけばよかった」「○○の障害について、もっと学んでおけばよ
かった」などと続きます。保育実習に行った多くの学生は異口同音に、自分
のそれまでの生活態度や受講態度などについての反省の言葉をもらします。
　保育や教育、育児の中で、「互恵性」「両義性」という言葉がよく出てきま
す。互恵とは、辞書によれば「特別な便益・恩恵などを相互にはかり合うこ
と」と載っています。また、両義性とは「一つの事柄が相反する二つの意味
を持っていること。対立する二つの解釈が、その事柄についてともに成り立
つこと」と説明されています。これらのことは、保育においては、親や保育
者が子どもを育み保育する中で、子どもが育っていくのみならず、結果的に
その営みの中で親や保育者も育てられていくことを意味します。
　先ほどの実習から戻ってきた学生の言葉は、子どもたちが自分に向けてく
れる気持ちを感じながら、できるかぎりその気持ちに応えたい、自分の責任
や役割を果たしたいとする主体的な態度から出てきたものです。そうした学
生たちの心からの声は、彼ら自身の反省のみならず、彼らを指導する立場に
ある筆者の日々の指導のあり方への反省の気持ちも生じさせてくれます。一
生懸命に保育や教育、子育てに取り組めば取り組むほど、自らが大きく成長
させてもらっていることを忘れず、謙虚に専心したいものです。

2. 養成校での学びの意義

（1）これからの保育・幼児教育を見すえて

　2019（平成31）年度より再課程認定を受けて新たな教職課程がスタート

しました。そもそも今回の教育職員免許法の改正は、グローバル化や急速な情報化、技術革新など Society5.0 と称される社会の大きな変化を見すえ、学校と社会が密接に関わり、子どもたちが将来を生きていくために必要な資質や能力を育てていこうとするところに端を発しています。人工知能（AI）の進歩とビッグデータの活用など、誰もが経験したことのない、予測することが難しい時代の到来が予想されています。

　一足先に幼稚園や保育所等では 2019（平成 31）年度より実施され、さらに 2020（令和 2）年度から実施される新学習指導要領の編成の際に、文部科学省は以下のような理念を掲げました。

> 学校で学んだことが、子供たちの『生きる力』となって、
> 明日に、そしてその先の人生につながってほしい。
> これからの社会が、どんなに変化して予測困難になっても、
> 自ら課題を見付け、自ら学び、自ら考え、判断して行動し、
> それぞれに思い描く幸せを実現してほしい。
> そして、明るい未来を、共に創っていきたい。

　時代の大きな変化の中で、子どもたちが「それぞれに思い描く幸せ」を実現し、「明るい未来を、共に創って」いくためには、どのような力が必要になるのでしょうか。それらをどのように想定し、保育や学校教育において、いかに育んでいけばよいのでしょうか。これらの保育観や教育観について保育者・教師自らが絶えず探求し続け、明確にし、さらに洗練していく必要があると思われます。

（2）養成教育に求められるもの

　学校教育などにおける新たな取り組みや今後も重視することとして、次のようなものがあげられています。

道徳教育　　　外国語教育　　　言語能力の育成　　　プログラミング教育
理数教育　　　主権者教育　　　防災・安全教育　　　伝統や文化に関する教育
体験活動　　　消費者教育　　　語彙に関する教育　　　国土に関する教育
金融教育　　　キャリア教育　　　など

　これらの教育を担う教員に高い資質が求められることは言うまでもありません。また、教員には「主体的・対話的で深い学び」（アクティブ・ラーニング）、ICT の活用などによりそれらの新たな教育課題に対応していく資質

が求められています。そうした背景の下に2015（平成27）年12月に出された中央教育審議会の答申では、養成―採用―研修を見通した「これからの学校教育を担う教員の資質能力の向上について」が示されました。教員養成においてもそのための教育課程の精選・重点化が求められ、養成教育においては、「教員となる際に最低限必要な基礎的・基盤的な学修」、「学校現場や教職に関する実際を体験させる機会の充実（学校インターンシップ）」、「教職課程の質の保証・向上」「教科・教職に関する科目の分断と細分化の改善」などの必要性が示されています。

　保育・教育の不易流行を踏まえつつ、子どもを深く理解し、その時期にふさわしい保育・幼児教育を担っていくために、専門性に基づいた実践力のある保育者や教師を育成していくことはこれまでと変わりはありません。大学での養成期には、教師として必要となる基礎的・基盤的な力を身につける段階ですが、教えられるままの受け身な態度で学修するのではなく、自らが「主体的、対話的で深い学び」を実践していくことが重要となります。そうした学びの機会や環境がそれぞれの養成教育において展開されることを切に願うところです。

（3）保育者を目指すみなさんへ

　保育者を目指すみなさんは、これから多くの学修や経験を積み重ねていくことになります。保育者となった時をイメージし、希望をもって主体的に取り組んでいってほしいと思います。保育実践の場では、集団の力を用いて一人一人の子どもの能力を高めることのできる力や、同僚や先輩の先生とチームとして協働して子どもを支援していくことのできる力なども求められるようになります。

　これらのスタート地点となるのは、子どもに対する愛情と自分自身を成長させていこうとする意欲や態度ではないかと思います。「よい先生になりたい」という初心を忘れずに、保育者として豊かな人間性や専門性を持った資質の高い保育者、個性的な保育者、学び続ける保育者になってください。

【引用文献】

1）無藤隆他著『3・4・5 歳児　子どもの姿ベースの指導計画』フレーベル館　2019 年

2）Bernstein, B.B,1978：*Towards a theory of educational transmissions*　萩原元昭編訳『教育伝達の社会学：開かれた学校とは』明治図書　1985 年

3）文部科学省　中央教育審議会　教育課程部会　幼児教育部会「幼児教育部会における審議の取りまとめについて（報告）」資料 3　2016 年

4）同上

5）文部科学省　中央教育審議会　教育課程部会　幼児教育部会「幼児教育部会における審議の取りまとめについて（報告）」資料 2　2016 年

【第 1 部　領域「環境」に関する専門的事項】

―子どもを学ぶ・子どもから学ぶ―

第1章 「環境」とはなんだろう

●はじめのQ

次のエピソード（1）を読んで、このような子どもの姿をどうとらえたらよいと思いますか？　また、保育者はどのような関わりを持てばよいかを考えてみましょう（考える時間の目安：3分）。

✎ エピソード（1）「テラスがいい」（4歳児クラス／4月）

　4歳児のミユちゃんは、4月に2年保育で入園してきました。初めての幼稚園での生活に馴染（なじ）めずに泣き出すことが多く、自分の保育室に入ろうとしませんでした。そのため入園当初は、副担任のサエコ先生と遊戯室で絵本を見たり、おやつを食べたりして過ごしていました。

　不安定なミユちゃんでしたが、1週間が過ぎた頃には泣き出すこともなくなり、自分の保育室前のテラスで遊ぶようになりました。テラス近くにはウサギ小屋があり、登園するとすぐサエコ先生と手をつなぎ、園庭に生えているオオバコの葉をウサギに食べさせていました。

　そんなミユちゃんの様子を見守っていた主担任のトモコ先生は、今日は思いきって絵本の時間に「保育室の中でお友達と一緒に見よう」と誘ってみました。しかし、ミユちゃんは「テラスがいい」と言い、サエコ先生と一緒にテラスから絵本を見ていました。

●本章の学びのめあて

　ミユちゃんのように、家庭生活から幼稚園などに入園し、集団生活の環境に馴染めない子どもをよく見かけます。それまでの家庭生活とは大きく異なっていますので無理もありません。本章では、エピソードなどを通して子どもの視点から領域「環境」を理解し、子どもの発達にふさわしく、子どもの好奇心や探究心に応える魅力的な保育環境とは何かを考えてみましょう。

第1節　保育における環境について

　はじめに、保育における環境とは何かについて学びましょう。

　豊かな保育環境を構成するためには、環境を構成する要素と環境自体が持つ性質を理解することが大切です。また、子どもが意欲を持ち活動に取り組むためには、環境と子どもとの意味ある関係が形成されなければなりません。そこで、保育を質的に高め、子どもと環境との意味ある関係を確かなものとするための保育者の関わりについて、エピソードなどを通して考察してみましょう。

1. 保育環境とは

（1）保育環境の要素

　みなさんは「環境」という言葉を聞いて何をイメージしますか。

　豊かな自然環境、地球温暖化などの環境問題、家庭環境、環境政策など、様々な言葉が浮かんでくることでしょう。また、人間が生きていくためには、きれいな水や空気などの大切な環境もあります。「環境」とは、辞書（『広辞苑』第七版）によれば、「人間または生物をとりまき、それと相互作用をおよぼしあうものとしてみた外界。自然的環境と社会的環境とがある」とあります。

　一般に保育環境とは、教材・教具や固定遊具などの物的環境、子どもや保育者、保護者などの人的環境、雰囲気、時間、空間などをさします。文化や伝統、作り出される状況、人間関係なども重要です。また、温かい陽光やすがすがしい朝の空気などの自然環境は、人間らしい感情を沸き上がらせる力を持っています。人間が人間らしく陶冶されるために、必要なすべてが保育環境の要素と言えるでしょう。

（2）環境自体が持つ性質

　子どもたちがつい手に取り、関わりたくなる環境にはどのようなものがあるでしょうか。

　たとえば、雨上がりの園庭に水たまりができていたらどうでしょう。多くの子どもは、ついその中に入って遊んでみたくなります。また、たくさん遊んで疲れている時に椅子やソファーが置いてあったらきっと腰かけて休みたくなりますね。この「つい○○したくなる感覚」をアメリカの知覚心理学者ジェームズ・ギブソン（James. J. Gibson）は、「アフォーダンス」という用語で説明しています。

　「アフォーダンス」は、英語の動詞アフォード（afford：〜する余裕がある、

〜を与える）を名詞化したギブソンの造語です。「アフォーダンス」は物に備わる性質であると同時に、物と動物との関係の仕方、つまり物に触れる動物の行動によってはじめてあらわれてくる性質でもあります。つまり「アフォーダンス」とは、「環境が動物に与え提供している意味や価値」である（佐々木, 2018）[1] といえます。

この性質を保育の場に照らして、考えてみましょう。

たとえば、シャボン玉の液が水道の近くにあると、子どもたちはつい容器の中に水を入れたくなります。するとシャボン玉の液は薄まりあっという間に膨らまなくなり、飛ばして遊ぶシャボン玉遊びが、水遊びへと転換していくこととなります。また、園庭にライン引きでくねくねの道を描いておくと、子どもはその上を走りだします。そのため、両方から走っていくことやじゃんけんで相手と対戦する等のルールを伝えれば、「へびじゃんけん」（図1−1）等の遊びに発展します。これは、よくもわるくも環境自体が持つ性質に子どもが「つい○○したくなる感覚」から取り組んでいる姿です。

【へびじゃんけんの遊び方】
①1本の線（Ｓ字、くねくね、自由に）を引き、両端に子どもが入れるスペースの陣地を作る。
②2チームに別れて、それぞれの陣地で一列に並ぶ。
③「よーいどん！」で、両側からそれぞれ1人ずつ線の上を相手の陣地に向かって走る。
④相手チームの友達と鉢合わせしたら、両手でタッチして「ドーン！」と言い、じゃんけんをする。
⑤勝った人は、そのまま走り続け、相手の陣地へ向かう。負けた人は、線の上から外れ、自分の陣地に戻り列の後ろにつく。負けたチームは、すぐに次の人が線の上をたどり、相手の陣地へ走って向かう。

図1−1　へびじゃんけん

上記のことからもわかるように、様々なアフォーダンスは、発見されることを環境の中で「待って」いるといえます（佐々木, 2018）[2]。このことから、保育者は保育環境を構成する際には、環境自体が持つ性質と、子どもの発達や興味・関心による行動の性質をよく理解する必要があるでしょう。

2. 保育に必要な環境

（1）環境と子どもの相互的な関わり

　保育の現場においては、室内の物の配置や明るさ、教材・教具の取扱いなど、有形無形の要素が子どもたちの行動に影響を与えています。環境と子どもの相互的な関わりについて、下記のエピソード（2）から考えてみましょう。

✎ エピソード（2）　風と一緒に走る子どもたち（3歳児クラス／7月）

　かつて筆者が幼稚園に勤務し、3歳児の担任だった時のことです。保育室には、4か所の出入り口（A〜D）がありました。出入り口は、正方形の保育室の4面に一つずつあり、3か所（A〜C）は廊下への出入り口で、1か所（D）は隣のクラスの子どもと共用しているトイレへの出入り口でした（図1－2）。

　4か所の出入り口からは、友達や保育者などの人や物が出入りするたびに風が入り、保育室の中には空気の流れが起こりました。すると、その空気の流れに乗るように子ども達が渦を巻いて走り出しました。いつか納まるだろうと様子を見ていましたが、その傾向は数か月続き、7月の3歳児の保育室では、ままごとやお絵かきなどの室内遊びが落ち着いてできなくなっていました。さらに、クラス全体の生活も落ち着きに欠け、遊びの中で形成されるはずの物や人との関係性も絶えず不安定なため途切れてしまったのです。

みなさんは、子どもたちがなぜ落ち着きに欠けていったと考えますか？

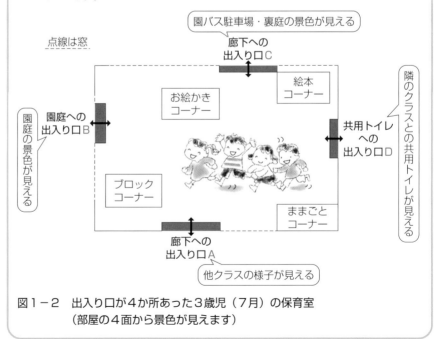

図1－2　出入り口が4か所あった3歳児（7月）の保育室
　　　　　　（部屋の4面から景色が見えます）

その後、3歳児クラスの状況について園全体で検討が重ねられました。その結果、子どもの姿から保育の環境と子どもとの関係について相互的な関わりが見えてきました。検討による見解は、4か所の出入り口（A〜D）から入ってくる風に、子どもたちはつい五感を通して体が反応してしまうのではないか、というものでした。さらに、出入り口の戸は透明で保育室から外の光景が良く見え、園バスが駐車場から音を立てて園庭に移動していたり、給食室から美味しそうな給食が隣のクラスに運ばれていたりする光景などが、身長100cm前後の子どもの視線からちょうどよく確認できていたのです。つまり、「おいでおいで」と手招きするような視界の光景の変化が、つい走り出してしまう子どもの性質をさらに湧き立たせていたのではないかと考えました。

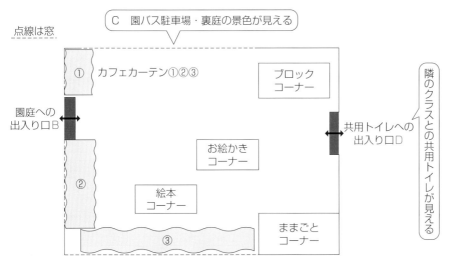

図1-3　出入り口が2か所になった3歳児（7月）の保育室
（園庭や他クラスの様子が見えたA・B2面の壁にはカフェカーテンを設置）

改善策として、出入口を4か所（A〜D）から2か所（BとD）に減らし、裏庭の樹木などの見える二面の窓ガラス以外には外界が見えないようかわいい布のカフェカーテン（①〜③）を付けました。また、外界が見えない面には、ごっこ遊びや制作などのコーナーを設置し、子どもが遊びに集中できるように構成しました。すると、走り出す子どもの姿は少しずつ減り、遊びに集中して取り組める雰囲気が保育室に醸し出されました（図1-3）。

このエピソードからもいえるように、環境自体が持つ性質をとらえ、子どもの持つ性質にふさわしい環境を構成することはとても大切です。環境と子どもとの関係の質を、相互的な関わりの中で高めていくことが求められます。

（2）子どもの発達にふさわしい環境

　保育においては、子どもの発達にふさわしい環境が求められます。

　わかりやすいところで、幼稚園のトイレを思い浮かべてみましょう。当然、みなさんが使用する大人用より小さく、年少用などは扉の代わりに布カーテン等が用いられている場合もあり、近くで保育者に見守っていてほしい時期には、カーテンを開けて用を足しています。しかし、年長用となると、年少用より少しサイズは大きくなり、排泄の自立している子どもは、扉がなければ恥ずかしくて用を足せないこともあります。これはトイレばかりではなく、教材、教具、遊具などについても言えることであり、子どもの必要としている環境は発達の状況により異なります。

　保育には、上記のような一般的な発達への環境だけでなく、子ども一人一人の個人差に対応できる環境も求められます。図１−４は、生活習慣に関する発達について、子どもの年齢ごとに 2005 年調査と 2015 年調査の結果を比較したものです。

　ベネッセ教育総合研究所（2016）の分析によれば、10 年間で 10 ポイント以上、ないし５ポイント以上、達成率が下がったものも少なくなく、達成率が５ポイント以上増加したのは、２歳児における「ひとりで洋服の着脱がで

(%)

年　　　齢	1歳児		2歳児		3歳児		4歳児		5歳児		6歳児	
調　査　年	05 年	15 年	05 年	15 年	05 年	15 年	05 年	15 年	05 年	15 年	05 年	15 年
サンプル数	(660)	(614)	(740)	(583)	(340)	(626)	(312)	(610)	(326)	(671)	(276)	(657)
コップを手で持って飲む	69.5	65.8	98.4	94.8	98.2	96.3	98.1	93.5	97.8	94.0	96.0	92.7
スプーンを使って食べる	64.8	62.3	97.4	95.0	98.2	96.3	98.1	93.5	97.8	94.0	95.7	92.4
家族やまわりの人にあいさつする	45.9 > 35.6		83.5 > 72.6		92.5 > 87.4		93.6	87.3	91.8	87.9	91.7	88.0
歯をみがいて、口をすすぐ	14.8 > 9.3		73.3 > 59.1		91.6 > 84.2		95.2 > 88.0		97.5 > 91.6		95.3	91.2
おしっこをする前に知らせる	3.3	4.7	25.2 > 18.4		86.3 > 75.4		97.8 > 90.4		96.9 > 91.9		94.6	90.7
自分でパンツを脱いでおしっこをする	1.2	1.3	17.7	13.0	79.1 > 70.1		98.1 > 90.9		97.3 > 91.9		94.9	90.3
自分でうんちができる	5.6	6.4	24.4 > 18.9		78.8 > 64.4		95.2 > 85.9		96.7 > 90.4		94.6	90.3
ひとりで洋服の着脱ができる	1.4	2.4	18.4 < 23.7		62.0	64.9	92.3	87.5	96.3 > 91.0		93.8	90.7
おはしを使って食事をする	4.5	4.1	32.0	35.2	62.0	58.3	83.7 > 72.1		94.2 > 83.8		93.5	88.9
決まった時間に起床・就寝する	55.6	56.1	62.2	64.4	72.6	68.0	82.4	79.2	85.8 > 77.5		84.4 > 78.2	
ひとりで遊んだあとの片付けができる	17.0	16.5	46.8	46.3	64.7	61.7	85.6 > 74.5		88.1 > 80.5		85.1	83.9
オムツをしないで寝る	0.6	1.0	6.3	3.8	45.9 > 35.0		81.1 > 66.0		84.8 > 79.0		90.2 > 83.6	

注１）「できる」の％。
注２）満１歳以上の子どもをもつ人のみ回答。
注３）05 年、15 年調査の結果を比較し、10 ポイント以上の差があったものは濃い網掛け、５ポイント以上 10 ポイント未満の差があったものは薄い網掛けをしてある。
注４）（　）内はサンプル数。

図１−４　幼児の生活習慣に関する発達（子どもの年齢別経年比較）

出典：ベネッセ教育総合研究所「第５回幼児の生活アンケート」2016 年

きる」という項目のみです[3]。とくに、大幅にポイントが減少したのは、「家族やまわりの人にあいさつする」、「おはしを使って食事をする」、「オムツをしないで寝る」の3項目でした。

また、2005年調査の際には、4歳児以上であれば、すべての項目において達成率が80％を超えていましたが、15年調査では、5歳児、6歳児でも80％未満の項目が残されたままです。つまり、以前に比べて、ほとんどの子どもができるようになるまでに時間のかかる課題が増えています。それに伴い、保育の現場では個人差のある発達をふまえた環境の提供が求められています。

中でも、排泄の生活習慣の自立に関する発達については、4歳児で2005年では81.1％だったのが、2015年では66.0％まで減少しており、10年間で夜間のオムツ使用への依存は大きく高まってきています。

図1-5では、3歳児に限定したトイレットトレーニングに関する課題について、子どもの就園状況による差があるかどうかを検証した結果を表しています。調査結果によると、就園状況の違いによらず、「おしっこをする前に知らせる」、「自分でパンツを脱いでおしっこをする」、「自分でうんちができる」、「オムツをしないで寝る」など、各課題の達成率は下がっています。こうした背景には、紙パンツの普及や親の意識が強く影響していることが考えられます。

これらのことから保育者は、家庭と連携しながら子ども一人一人の発達を把握し、そのために求められる適切な環境を構成していきます。

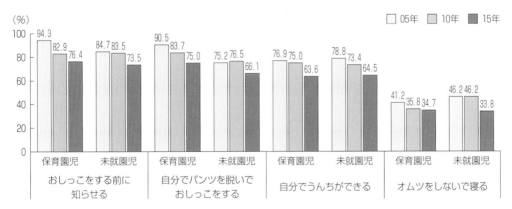

注1）「できる」の％。
注2）0歳6か月～6歳11か月の年齢層で分析する際のウェイトを用いて集計した。
注3）サンプル数は、05年（保育園53人、未就園258人）、10年（保育園136人、未就園330人）、15年（保育園224人、未就園340人）。

図1-5　3歳児におけるトイレットトレーニングに関する発達（就園状況別経年比較）

出典：ベネッセ教育総合研究所「第5回幼児の生活アンケート」2016年

第2節　子どもの好奇心・探究心

　人間は、生まれながらにして周囲の環境に働きかけたり、その変化に興味を持ったりする欲求を持っていると言われています。こうした子どもの「好奇心や探究心」が幼稚園教育要領、保育所保育指針、幼保連携型認定こども園教育・保育要領における領域「環境」ではどのように取り扱われているのでしょうか。また、好奇心・探究心の源ともいえる子どもの感性がいかに研ぎ澄まされているのかを演習課題から想像し、文献をひも解きながら考えてみましょう。

1. 好奇心・探求心とは

　一般的な意味として、「好奇心」は"珍しいことや未知のことなどに興味をもつ心"、「探究心」は"物事に興味を持ち、追究しようとする心"といわれています。保育・幼児教育のガイドラインである幼稚園教育要領、保育所保育指針、幼保連携型認定こども園教育・保育要領における領域「環境」においては、下記のように示されています。

環境

　周囲の様々な環境に好奇心や探究心をもって関わり、それらを生活に取り入れていこうとする力を養う。

　この中に出てくる「好奇心や探究心」は、領域「環境」においてキーワードとなっています。なぜなら、子どもが、周囲の環境を理解していくためには、身近な環境に自分から能動的に関わろうとする意欲がなければなりません。こうした周囲の環境を知りたいという欲求を支えていくのが、「好奇心や探究心」です。「好奇心や探究心」がなければ、主体である子どもの真の学びがはじまることはありません。その際、「周囲の様々な環境」が豊かであり、「取り入れていく生活」も子どもの「好奇心や探究心」に応えるいきいきとした生活が必要となります。

　保育者は、「なぜだろう」「なにがあるのだろう」「どこにいるのだろう」など子どもの問いかけに耳を澄まし、ドキドキ、ワクワクしながら共に生活していくことで、子どもが何に心惹かれているのかを理解できるようになっていきます。

2. 子どもの好奇心・探究心と感性

　スイスの生物学者アドルフ・ポルトマン（Adolf Portmann）は、哺乳類と人間の行動の比較から「人間は、他の哺乳動物と比べ、1年ほど早産である」という特殊性を指摘しました[4]。人間の子どもは他の動物より「生理的早産」の状態で生まれてきていると言われています。

　しかし、ファンツ（Robert L. Fantz）の研究では、赤ちゃんは人の顔や渦巻き型などを好んで見ることがわかり、図形を弁別する能力があることがわかっています[5]。さらに、メルツォフ（AndrewN.Meltzoff）が行った赤ちゃんの模倣実験では、生後1時間以内の時点でも大人が舌を出し、口を大きく開けると同じ表情をして見せたのです[6]。

　これから、「生理的早産」で生まれてくる人間の赤ちゃんが、生後のトレーニングによって模倣を身につけるのではなく、模倣する能力自体を生まれつき持っているのではないかと考えることができます。このように子どもは、生来より周囲の環境に深い興味や関心を持ち発達を遂げていきます。

　心身の発達と共に子どもの世界は広がり、保育者は、その時々の子どもの「好奇心や探究心」に向き合っていきます。子どもは研ぎ澄まされた感性で周囲の環境をとらえているので、保育者も子どものとらえている世界を想像することが求められます。

　では、次の写真を手がかりにして、子どもの世界を想像してみましょう。

写真1-1　「秋のごちそう」落ち葉が降り注ぐ空き地にて
（令和元年10月　筆者撮影）

　この写真は空き地の一隅をとらえた光景ですが、何か心躍るような感情は湧いてきますか？　実は、良く晴れた秋の日、落ち葉や小枝がたくさん落ちている空き地で、幼児期の子ども3人がそれは楽しそうに遊んでいました。子どもたちは明日も遊ぼうと思ったのか、その場を片づけずに帰って行きま

した。写真は、子どもたちが帰った後の場面を筆者が撮影したものです。

　写真に目を凝らして想像してみると、子どもたちの思いがいろいろと感じられることでしょう。お皿をよく見ると、南天の実、松葉、欅（けやき）の葉、砂に水などずいぶん多くの自然物が入っています。そこにスプーンが添えられています。何か美味しいお料理をたくさんの材料で作り、食べていたのでしょうか。側溝のふたは調理台で、ブロックのかたわらに集められた小枝たちは、食材や調理器具、燃料などであることが想像されます。素朴な光景ですが、「できましたよ」「美味しいね」など、子どもたちのやり取りや笑い声、息遣いまで聞こえてきそうですね。

　この場の環境に誘発された子どもたちの新鮮な好奇心や探究心は、研ぎ澄まされた感性によって豊かな遊びを展開し、意欲的に自分たちの生活に取り込んでいく力を養うことにつながることでしょう。

　アメリカの生物学者レイチェル・カーソン（Rachel L. Carson）は、子どもの世界について『センス・オブ・ワンダー（The Sence of Wonder）』[7]という著作の中で、次のように述べています。

　　子どもたちの世界は、いつも生き生きとして美しく、驚きと感激にみちあふれています。残念なことに、わたしたちの多くは、大人になるまえに澄みきった洞察力や、美しいもの、畏敬すべきものへの直観力をにぶらせ、あるときはまったく失ってしまいます。

　　もしも私が、すべての子どもの成長を見守る善良な妖精に話しかける力を持っているとしたら、世界中の子どもに、生涯消えることのない「センス・オブ・ワンダー＝神秘さや不思議さに目を見はる感性」を授けてほしいとたのむでしょう。

　　この感性は、やがて大人になるとやってくる倦怠（けんたい）と幻滅、わたしたちが自然という力の源泉から遠ざかること、つまらない人工的なものに夢中になることなどにたいする、かわらぬ解毒剤になるのです。

　"センス・オブ・ワンダー"とは、レイチェル自身の言葉によると「神秘や不思議さに目を見はる感性」のことをいっています。また、レイチェルは、「妖精の力に頼らないで、生まれつきそなわっている子どもの"センス・オブ・ワンダー"をたもちつづけるためには、わたしたちが住んでいる世界のよろこび、感激、神秘などを子どもと一緒に再発見し、感動を分かち合ってくれる大人が、すくなくともひとり、そばにいる必要があります」[8]と述べています。

　子どものかたわらにいる大人として、保育者は、誰よりも子どもたちと共に発見や感動の喜びを分かち合える存在でありたいものです。そして、子どもたちの素晴らしい感性を理解するために、自分自身の感性を研ぎすましていきましょう。

第3節　子どもの遊びと生活

　ここでは、子どもにとっての魅力的な遊びと生活の環境とは何かを整理していきます。また、子どもの遊びと生活を豊かにする環境はどのようにして作りだされていくのかを考えていきましょう。

1. 子どもにとって魅力的な環境

　秋田ら（2011）は、子どもの経験から保育環境の質をとらえた時に、「安心感や居場所感を保障する環境」と「夢中や没頭を保障する環境」が重要である[9]と述べています。この2つの環境から、子どもにとっての魅力的な環境を考えてみます。

（1）安心感や居場所感を保障する環境

　子どもにとって、大好きな保育者や友達がいてくれる環境は、喜びを感じられる場となります。このことは「情緒の安定」につながり、安心感を得ることができます。また、時にはけんかをしたり、不安定になったりすることもありますが、そんな時にも受け入れてくれる温かい存在と場が子どもには必要です。そのため、少し休憩をして回復ができたら、また元の場所に帰って行くことのできる居場所を保障する工夫を考えてみましょう。

　たとえば、保育の場でこのことを実践するためには、副担任制やチームティーチングによる共同の連携が有効です。そして、クールダウンしたり気

分を転換させたりするための専用ルームなどを設けて、子どもなりに自分と対峙できる時間を保障します。

（2）夢中や没頭を保障する環境

　子どもが、遊びに夢中になり没頭するためには、発達はもとより個人の興味・関心に寄り添った環境の提供が求められます。保育の場でこのことを実践するためには、「静的活動」と「動的活動」のすみ分けや「友達と一緒に活動できる場」とともに「一人で活動できる場」の保障も必要となります。

　落ち着いた気分が保てるよう壁面などには、季節や行事などの部屋飾りを装飾し、明るく温かい雰囲気を演出するなども良いでしょう。また、子どもの知的な学びを促す図鑑や絵本、活動を支える教材・教具等も大切です。保育者は、子どもがのびのびと生活できる見通しが持てるようサポートをしていきます。

2. 遊びと生活を豊かにする環境

（1）学びをつなげる環境

　子どもの生活は、昨日から今日、今日から明日へとつながっていきます。そのため保育者は、人や物、地域、自然、時間などとのつながりを大切にしながら、子どもの学びをつなげるための方法を模索します。最近では、ICTを活用して子どもの姿を映像や音で提供することができます。それらを素材にして、子どもは過去の時間の遊びや生活を振り返ることができます。

　一方で自然などと五感を通してつながる環境も大切です。園庭に季節を感じる果物や実のなる樹木などを植え、花壇には季節の草花、畑には野菜の栽培などを行い、飼育活動なども子どもの興味に応じて取り組まれていることが理想です。保育者には、子ども自身が学びをつなげることのできる工夫と豊かな遊びと生活を展開するための足がかりを提供することが求められます。

（2）遊びと生活の環境を豊かにするために

　保育者は、遊びと生活の環境を豊かにするために、教材・教具を厳選し、保育室や園庭の環境をデザインします。その際、子どもたちが生きている社会、地域の要請が何であるのかを考え、教育課程や全体的な計画、年間計画等に反映させていくことが求められます。そのため、幼稚園教育要領などの改訂の際に、領域「環境」に変更箇所があれば、そのことの意味をふまえて保育を点検してみます。社会が求めていることを、保育者としてどのように考えるのかを整理して環境の構成に活かします。

　一方で、目の前の子どもたちが何を求めているのかを考え、子どもたちが自ら選択できる部分を保障します。保育者は、子どもと共に保育を創り上げていくという基本的な姿勢で保育を構成します。そして、双方の構成を総合的にとらえて保育環境をデザインし、遊びと生活を豊かにするための援助を提供していきます。

第4節　まとめ
－子どもの育つ力を育む環境－

　保育の環境とはなにかを理解し、子どもの育つ力にどのようにアプローチしていけばいいのかを、エピソードをもとに考察してみましょう。子どもの育つ力を育む環境の構成には、保育者の保育観が大きく影響します。まとめとして、保育者の保育観をどのように形成していけばいいのかを考えてみましょう。

1. 子どもの姿からその思いを受けとめる

　子どもたちは、適時適切な環境の提供があれば、自ら学び、学びを連続していく力を備えています。では、保育者は子どもの育つ力をどのようにとらえていけばいいのでしょうか。

　次のエピソード（3）について、環境を大きく2つの視点から考えてみます。1つには、「保育者の視点」です。そしてもう1つは、「子どもの視点」です。この2つの視点から、環境の違いをとらえてみましょう。

✐ エピソード (3)　「看板もいるね」（5歳児クラス／10月）

　先週、さつま芋掘りを体験し、おやつで焼き芋を食べた子どもたち。自分たちで掘ったお芋は特に美味しかったのか、おかわりをする子どもが多くいました。そんな翌週のことです。その日の指導計画案では、さつま芋を大きな画用紙に水彩画で描く予定でした。ところが、「焼き芋屋さんをしたい！」と女児4人が新聞紙と色画用紙で焼き芋を作り始めると、その活動はクラス全体に広がり

ました。数人の男児が、年少組の子どもたちを呼んでくると、噂を聞きつけて年中組の子どもたちもやって来て、焼き芋を買い美味しそうに食べる真似をしていました。

「看板もいるね」と画用紙に書き始めたのは、タイキくん。引っ越してきたばかりでまだ友達もなく、ここ数日は所在なく過ごしていましたが、今日は意欲的に自分から焼き芋屋さんに入ってきました。するとタイキくんのその言葉を聞いていたミツオくんが「僕も手伝うよ」とクレヨンを持って来て、タイキくんと同じテーブルに座りました。「1個何円にする？」と2人は真剣に考え始めました。

それらの様子を見ていたクラス担任は、予定していた水彩画は延期し、焼き芋屋さんを主活動として保育を展開しました。

前半の「さつま芋堀り・焼き芋をおやつで食べる」という保育においては、保育の計画から保育者の視点で構成した環境であることがわかります。この人的・物的環境に誘発されて、後半は、子どもたちの視点で構成した「焼き芋屋さんごっこ」の活動が展開していきます。

保育者はその時の子どもの姿から、子どもたちの意欲と学びの素晴らしさをとらえ、保育の計画を「さつま芋の水彩画」から「焼き芋屋さんごっこ」へと転換しています。その日にしかできない保育を適時適切にとらえた環境の提供と言えるでしょう。

しかし、もしかしたら予定通り「さつま芋の水彩画」の活動に取り組む保育者もいるかもしれません。それは、目の前の子どもの姿から、保育者が「子どもの何がどのように育つかを見通し、子どもの育つ力をどのように見極めるか」で枝分かれしていきます。つまり、どちらの保育展開になるかは、保育者が子どもの育つ力をどのようにとらえているのかにかかっています。

ドナルド・ショーン（Donald A. Schön）は、著書『専門家の知恵　反省的実践家は行為しながら考える』の序文において、「『反省的実践家』は『状況との対話』を展開しているだけではなく、それと並行して『自己との対話』を展開していると述べています [10]。このことは、対人援助職の専門家である保育者にも大きな示唆を与えています。保育者には、「状況との対話」と共に、子どもの姿からその思いを受けとめ「保育に有効に反映させていくための自己との対話」が求められると言えるでしょう。

あなたが保育者ならどちらの保育を選びましたか？

2. 子どもの育つ力を育むために

　保育者の保育観は、保育の形態や指導法に大きく影響を与えます。倉橋惣三は、「生活を、生活で、生活へ」という言葉で子どもたちの「さながらの生活」を大切にすることの意義を述べました。倉橋は、子どもがはじめたことを起点とする保育を「生活の教育化」とし、その一方で、あらかじめ計画された保育内容を子どもたちが意欲を持って取り組めるよう導いていく保育を「教育の生活化」としています [11]。

　保育者は、状況をとらえながら自己の保育観を基盤として、保育における指導の方法を選択し、どのような環境が求められているのかを検討していきます。次のエピソード（4）は「生活の教育化」の保育事例です。

✒ エピソード (4)　「またとってくるからいいよね」（4歳児クラス／6月）

> 　タケルくんが日曜日に父親と近くの川で採ったザリガニを園に持ってきました。①：子どもたちは喜んでザリガニを見ていましたが、割りばしでつついているうちに動かなくなり死んでしまいました。すると、タケルくんが「またとってくるからいいよね」と言い、あまり残念そうではありませんでした。
>
> 　②：保育者は、この状況を子どもたちに理解してもらいたいと、ペープサートで人間に飼われたザリガニの親子のストーリーを創作しました。あらすじは、「親子のザリガニが人間に飼われ、ある日、ザリガニのお母さんが人間に割りばしで突つかれ大けがをし、子どものザリガニが悲しむ」というストーリーでした。
>
> 　子どもたちは、演じられたペープサートを見て、「割りばしでつつく人間は悪者で、そんなことはやめたほうがいい」と口々に言っていました。その後、③：もう一度ザリガニの飼育をしましたが、もう割りばしでつつくことはなくなりました。

　このエピソードを、倉橋の「生活を生活で生活へ」という言葉に沿って読み解いてみると、一例として、次のように分けることができます。
　①：生活を（ザリガニが死んでしまった）
　②：生活で（ザリガニの物語をペープサートを創作し、クラス全体で見る）
　③：生活へ（新たにザリガニの飼育に取り組む）
　このエピソードにある飼育のねらいは、「小動物に親しみをもって接し、生命の尊さを様々な体験から知る」ことにあります。保育者は、「またとっ

てくるからいいよね」という子どもの言葉を受けとめ、環境の再構成を図りました。子どもの育つ力を育むためには、そのプロセスで必要なことがあれば、急がずに立ち止まり、子どもの姿と対話する必要があります。

今回のエピソードにおいては、「生活の教育化」という保育が選択されました。必要によっては、「教育の生活化」が求められることもあるでしょう。保育者は、子どもの育つ力を信頼し、保育に必要な環境を子どもと共に構成していきます。そのためには、あなたの"センス・オブ・ワンダー"を磨き、子どもとの対話を楽しみながら、保育の方向性を選択する際の基盤となる保育観をよりよいものへと形成していきましょう。

子どもと共に育っていきましょう。

教育は共育！

演習課題

①まとめの演習課題

2017年告示の幼稚園教育要領の改訂において、領域「環境」に新たに加えられた内容（6）「日常生活の中で、我が国や地域社会における様々な文化や伝統に親しむ」を保育の実践に活かすとすれば、どのような取り組みが考えられるでしょうか。5歳児の年間計画を想定し、4月から3月までの生活の中で我が国や地域社会における様々な文化や伝統に親しむことのできる活動を考え、レポートにまとめてみましょう。

②発展的な演習課題

子どもの排泄の自立の時期が遅くなっています。本章の図1－4、図1－5より2005年と2015年のデータを比較検討し、なぜ、子どもたちの排泄の自立は遅れているのか、社会環境の変化をとらえ、その要因についてレポートにまとめてみましょう。

【引用文献】
1 ）佐々木正人『新版アフォーダンス』岩波書店　2016年　p.60
2 ）同上書　p.73
3 ）ベネッセ教育総合研究所「第5回幼児の生活アンケート」2016年
　　　https://berd.benesse.jp/jisedai/research/detail1.php?id=4949
4 ）アドルフ・ポルトマン　高木正孝訳『人間はどこまで人間か―新しい人間像のために』
　　　岩波書店　1961年
5 ）Fantz, R. L, The origin of from perception, *Scientifice American*204（5）, 1961,

　　　pp.66-72　伊藤元雄・松浦国弘訳「形の知覚起源」愛知学院大学論叢　一般教育研究
　　　25(3), 1978, pp.507-527
6 ）Meltzoff, A. N., Moore, M. K., Imitation of facial and manual gestures by human
　　　neonates, *Science*, 198, 1977, pp.75-78
7 ）レイチェル・カーソン　上遠恵子訳『センス・オブ・ワンダー』　新潮社　1996 年
　　　pp.23-24
8 ）同上
9 ）秋田喜代美・小田豊・芦田宏・鈴木正敏・門田理世・野口隆子・箕輪潤子・淀川裕
　　　美『財団法人こども未来財団　「保育プロセスの質」研究プロジェクト　子どもの経
　　　験から振り返る保育プロセス：明日のより良い保育のために実践事例集』2011 年
10）ドナルド・ショーン　佐藤学・秋田喜代美訳『専門家の知恵　反省的実践家は行為
　　　しながら考える』ゆみる出版　2001 年　p.10
11）倉橋惣三著　津守真・森上史郎編　柴崎正行解説『幼稚園真諦』フレーベル館
　　　2008 年　pp.30-42

【参考文献】
秋田喜代美・増田時枝・安見克夫・箕輪潤子編『保育内容　環境　第 3 版』みらい
　　2018 年

第2章 子どもの発達と環境

●はじめのQ

　次のエピソードを読んで、このような子どもの姿をどのようにとらえたらよいと思いますか。保育者としてどのような関わりをしたらよいか考えてみましょう（考える時間の目安：3分）。

エピソード（1）　アリを踏みつぶしたマサルくん（4歳／5月）

> マサルくんはアリの巣を見つけ、シャベルを使って一生懸命に掘っています。巣を壊されたアリは、どんどん地面にでてきました。するとマサルくんは、出てきたアリを足で踏みつけはじめました。

●本章の学びのめあて

　虫に関心のある子どもはいますが、エピソードのマサルくんのように、わざと虫を死なせてしまう子どももいます。しかし、子どもはやがて虫にも命があることを学んでいきます。この章では、「子どもの発達と環境」について、子どもの認識や体験、保育者の役割について学びます。子どもは身近な環境の中でいろいろな経験をして成長していきますが、その時の保育者の関わり方の理由について様々な視点から説明できることを目指してください。

第1節　子どもの認識・思考と保育の構想

　はじめに子どもの認識や思考の特徴について見ていきます。続いて、環境を通して子どもが身につける力について学びます。子どもは周りの物事に興味を抱き、それがさらに探究心へと発展していきます。その際、保育者には子どもに対する適切な関わりが望まれます。

1. 子どもの認識と発達

（1）子どもの認識―物理的認識と社会的認識―

　子どもが幼稚園や保育所等での生活をおくっていくためには、そこにあるものが単なる物体として見えるだけでは不十分です。そのものがどのような意味を持っているのかを理解できなければなりません。

　たとえば、人間の認識は大きく2つに分けることができます。1つは、周囲の環境に対して五感（視覚、聴覚、触覚、嗅覚、味覚）を使った「物理的認識」です。もう1つは、その物理的な認識に何らかの社会的な意味を与えた「社会的認識」です。子どもが集団生活をおくるためには、社会的認識を必要とします。物理的認識と社会的認識の違いは、具体的には次のようなことです。

　子どもが生まれて初めて、誰も使っていないすべり台を見たときには、それを遊具として認識することができません。見えているのは、自分の体より大きな物体です（物理的認識）。子どもは誰かが遊んでいる様子を見て、初めて遊具として認識することができます（社会的認識）。こうして子どもは日々の生活の中で、社会的認識を徐々に獲得していきます。

（2）子どもの発達の見方

　一方で、子どもは周囲の環境に能動的に働きかける力を持って生まれてきます。

　たとえば、生まれて間もない赤ちゃんは、すぐに母乳を飲むことができます。また、生後2〜3週間の赤ちゃんの手に指を近づけると、指をつかもうとします。このように、子どもは能動性を発揮して身近な環境と関わりながら、生きていくうえで必要な力を獲得していきます。この過程が「発達」であるととらえることができます。近年では赤

ちゃんの認知的な研究が盛んで、赤ちゃんの驚くべき能力が徐々に明らかになっています。

　保育者は、子どもの発達の姿についてある程度の共通認識を持ってふだんから子どもに接しています。これについて幼稚園教育要領解説では、入園から修了までの発達の時期の一例を下記の通り示しています[1]。

幼稚園教育要領解説

第1章 総説　第3節 教育課程の役割と編成等　3 教育課程の編成上の基本的事項　（1）教育課程の編成

ア）一人一人の遊びや教師との触れ合いを通して幼稚園生活に親しみ、安定していく時期

イ）周囲の人やものへの興味や関心が広がり、生活の仕方やきまりが分かり、自分で遊びを広げていく時期

ウ）友達とイメージを伝え合い、共に生活する楽しさを知っていく時期

エ）友達関係を深めながら自己の力を十分に発揮して生活に取り組む時期

オ）友達同士で目的をもって幼稚園生活を展開し、深めていく時期

　子どもの認識と発達の過程を踏まえて子どもに接することで、保育者は長期的な視野を持って保育をすることができます。しかし、子ども一人一人に個性があって、発達の道筋は多岐に渡っていることにも配慮しておきましょう。

2. 保育の構想

（1）環境を通しての保育

　子どもを取り巻く様々な環境が、すべて保育的に意味のある環境とは限りません。子どもが興味や関心を持って主体的に環境に関わり、成長において意味を持つ時に初めて「保育的環境」となります。そのため、保育者が保育のねらいにあわせて、子どもにとって魅力的で意味ある環境となるように工夫する必要があります。レイチェル・カーソンは「子どもたちの世界は、いつも生き生きとして新鮮で美しく、驚きと感激にみちあふれています」[2]と紹介しています。私たちはその世界に寄りそうのです。

（2）環境を通して育つもの

　子どもは多様な環境との関わりを通して、具体的にどのような力を身につけていくのでしょうか。また、保育者はどのような育ちを期待していくべきなのでしょうか。これについては幼稚園教育要領解説で幼児期の発達の特性

子どもの感受性は素敵
ですね！

のうち、とくに留意しなければいけないこととして次の6点をあげています[3]。保育の中での具体的な場面を思い浮かべながら読んでみてください。

幼稚園教育要領解説

序章　第2節　幼児期の特性と幼稚園教育の役割　1(2)③発達の特性

○幼児期は、身体が著しく発育するとともに、運動機能が急速に発達する時期である。

○幼児期は、次第に自分でやりたいという意識が強くなる一方で、信頼できる保護者や教師などの大人にまだ依存していたいという気持ちも強く残っている時期である。

○幼児期は、幼児が自分の生活経験によって親しんだ具体的なものを手掛かりにして、自分自身のイメージを形成し、それに基づいて物事を受け止めている時期である。

○幼児期は、信頼や憧れをもって見ている周囲の対象の言動や態度などを模倣したり、自分の行動にそのまま取り入れたりすることが多い時期である。

○幼児期は、環境と能動的に関わることを通して、周りの物事に対処し、人々と交渉する際の基本的な枠組みとなる事柄についての概念を形成する時期である。

○幼児期は、他者との関わり合いの中で、様々な葛藤やつまずきなどを体験することを通して、将来の善悪の判断につながる、やってよいことや悪いことの基本的な区別ができるようになる時期である。

（3）幼児期の環境の重要性

　子どもは直接的・具体的な体験を通して成長・発達していくところに大きな特徴があるといえます。たとえば、保育者が視覚的教材を通してある指示を抽象的に行うことを中心とした保育は、場合によっては、子どもにはふさわしくないということになります。子どもがよりよく成長・発達していくためには、本人がその具体的な事柄を大切だと実感し、意欲を持って取り組んでいくことが重要となります。

第2節　子どもの体験と保育者の理解

　この節では、子どもの体験について自然との関わりと物との関わりから見ていきます。また、保育者の役割、個の発達・集団の発達についても学んでいきます。事物に対する驚きや感動といった子どもの気持ちは、自然とふれあう中で体験されることも多いでしょう。

1. 子どもの体験

（1）自然との関わり

　どこに行っても子どものまわりには、昆虫などの生き物、草花などの植物、砂や石など様々な自然物があります。子どもの多くは自然が大好きであり、自然は子どもの好奇心を満たしてくれる対象物でもあります。したがって、子どもを取り巻く環境の中でもとりわけ自然物は、他のものでは代替できない体験を子どもにもたらしてくれます。

> ☞ **やってみよう**　**ネイチャーゲームを実践してみよう！**
>
> 　ネイチャーゲームでは、一人一人が持っている「見る」「聞く」「触る」「嗅ぐ」などを使って自然を直接体験することができます[4]。
> ●幼児におすすめのネイチャーゲーム[5][6]
> ・ジャンケン落ち葉集め　・フィールドビンゴ
> ・カモフラージュ　　　　・目かくしいも虫
> ・ミクロハイク　　　　　・同じものをみつけよう
> ・ノーズ　　　　　　　　・木の葉のカルタとりなど

ネイチャーゲームって楽しそう！

（2）物との関わり

　子どもを取り巻く環境には自然物ばかりでなく人工物もあります。自然物は時間（季節）とともに変化し、自律的に動くなどの応答性があります。それに対し、人工物は無機的で、応答性に欠ける存在であると思うかもしれません。しかし、人工物も多岐に渡り、子どもに多様な経験をもたらしてくれます。たとえば、ペットボトルやトレー、カップ、段ボールなどのリサイクル材は、子どもが何かを描いたり、つくりだしたりする時に貴重な材料となります。

2. 保育者の理解

（1）保育者の役割

　子ども自身が何をしたいのかを汲みとり、それが実現できるように支えていくことは保育者の役割としてとても重要です。幼稚園教育要領解説（第1章）によると、保育者の役割は次の5つに分類することができます。

　「幼児が行っている活動の理解者」
　「幼児との共同作業者、幼児と共鳴する者」
　「憧れを形成するモデル」
　「遊びの援助者」
　「幼児が精神的に安定するためのよりどころ」

　このように保育者の役割は多岐に渡っています。保育者は子どもの状態に応じて臨機応変に行動することが求められます。また、領域「環境」に限定した場合の保育者の役割には、次の2つがあります。

　1つ目は、園具・教具・材料・道具などの様々な教材を準備することです。子どもは多様な種類の教材を目にすることによって、使ってみようとする意欲が高まります。保育者は子どもの発達に合わせて教材を準備することが大切です。2つ目は、子どもの遊びの自由度を決めることです。具体的には、「物の使い方の自由」「場所の使い方の自由」「移動の自由」などがあります。どの程度自由を保障するかは、保育者の遊びに対する考え方次第です。友達同士で協力して遊びが実現できるような環境を整えていきましょう。

（2）「個の発達」と「集団の発達」

　子どもの発達を子ども同士の関係でとらえるためには、一人一人の育ちと共に、その社会的な関係の状況をつかむことが必要です。つまり、「個の育ち」と「集団の育ち」の両面をとらえていくことになります。また、集団を枠組みではなく、子ども同士がつながっていく中で生み出されていくものとしてとらえておくことも重要です。これは、集団を保育者が形成するというより、

子ども一人一人が充実していくことによって形成されるものとしてとらえ、その変化に応じた関わり方が保育者には求められます。

　子どもを理解し、よりよい保育を展開するためには、次の5つの視点[7]が考えられます。

よりよい保育をつくり出すために

1．幼児を肯定的に見る
2．活動の意味を理解する
3．発達する姿を捉える
4．集団と個の関係を捉える
5．保育を振り返り見直す

まず保育者は子どもの良い点を見つけよう

第3節　子どもを育てる環境

　環境を通して行う保育にとって、どのような環境をどのように構成するかは大変重要なことです。保育者は、領域に示されたねらいを達成できるように環境を構成する必要があります。ここでは、「環境構成の基本」と「子どもにとっての環境」について考えてみたいと思います。

1．環境構成の基本

（1）自然環境

　動植物やそれを含めた自然には、様々な独自の意義があります。どのような動物を飼育し、植物を栽培するかで、子どもの自然との関わり方が違ってきます。まずは、動物らしさと植物らしさを子どもが感覚的に体験できることが大切です。やがて動物は大きくなり、子どもが生まれたり、死んだりします。植物も種から芽が出て、花が咲き、実がなったりします。こうして子どもは動植物の世話をすることで日々の変化を実感することができます。

　一例として、保育者が選んだ飼育に向く虫のランキングを紹介します[8]。

どんな虫が人気あるのかな？

飼育に向く虫ランキング発表！		
3歳児	4歳児	5歳児
1位　カタツムリ	1位　カタツムリ	1位　チョウ・ガ
2位　ダンゴムシ	2位　チョウ・ガ	2位　カブトムシ・
3位　チョウ・ガ	2位　カブトムシ・	クワガタムシ
	クワガタムシ（同点）	3位　カタツムリ

（2）物的環境

　子どもは保育者が用意した園具・教具で繰り返し遊ぶ中で、そのしくみを理解していきます。それと同時に、本来の目的や機能を越えて様々に活用する子どももいます。さらには、樹木や遊具小屋など本来、園具・教具ではないものでも遊びの基地に使ったりします。そのため、保育者は園具・遊具だけでなく、園全体の環境整備を心掛けることが必要です。

2. 子どもにとっての環境

（1）発達における環境の重要性

　子どもは環境の中に生まれて、環境の中で育っていきます。ここでの環境には、水や空気をはじめとする自然物や園舎や机といった人工物からなる「物理的環境」と、生まれてきた子どもに接する人々といった「人的環境」の両方を含みます。したがって、「環境」には子どもを取り巻くすべてのものが含まれることになります。

　幼い子どもにとって、要望や不満を大人のように訴えることは難しいことです。そのため、保育者は子どもにとっての保育の質を意識する必要があります。保育環境を絶えず向上させることを試み、子どもの実態や保育の状況に応じて環境を柔軟に変化させていくことも重要です。

　保育環境について世界に眼を向けてみると、諸外国の中には、子ども一人当たりの必要最小限とされる空間が日本の数倍となっている国もあります（図2−1）。残念ながら日本の保育園の子ども一人当たりに必要最小限とさ

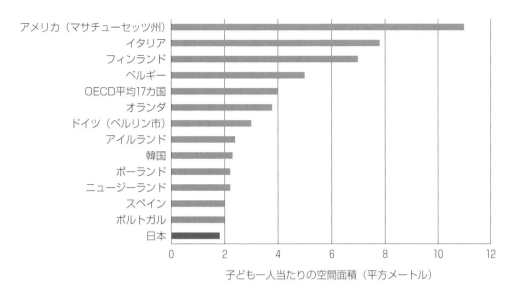

図2－1　保育園における子ども一人当たりに必要最小限とされる空間面積（屋内空間の要件）

出典：OECD 編著　秋田喜代美他訳『OECD 保育の質向上白書　人生の始まりこそ力強く：ECEC のツールボックス』
明石書店　2019 年　p.56

日本は国土も狭いので十分な空間を確保することは難しい問題ですが、子どもたちのために有意義な環境にしていきたいですね。

れる空間は諸外国と比べると狭いですが、その分保育者が様々な工夫をして保育環境を整えている場合が多いです。

（2）発達にふさわしい環境の構成

　「発達にふさわしい」とは、子どもの年齢や個々の心身の発達に相応であることだけではありません。遊びの経験に応じた応答的環境をつくっていく必要があります。また、時代の要請に応じた環境を用意する必要もあります。かつては家庭でも自然の中で虫を捕まえたり、実を拾ったりする経験が豊かにできた時代もありました。しかし、今では意図的にそのような場に立ち合わせるようにしなければならない時代となっています。

　幼稚園や保育所には様々な人的環境があります。たとえば、園の職員や保護者、地域の人々など、多様な人たちとの関わりを積み重ねることによって社会的発達が促されていきます。

 演習課題

次の課題に積極的に挑戦してみよう！

①まとめの演習課題
1．自分が幼児期に過ごした時のことを思い出して「うれしかったこと」と「悲しかったこと」をお互いに話し合ってみましょう。

２．砂場で遊んでいる子どもが、一人一人どんな遊びをしているか記録してみましょう。また、３・４・５歳児で遊びがどのように変わるか観察してみましょう。

３．登園、降園の途中や家庭生活の中で、子どもたちはどんな自然に触れているか書き出してみましょう。

②発展的な演習課題

１．何か遊びを１つ取り上げ、領域「環境」とその他の領域の相互性について、具体的に説明してください。

２．領域「環境」において育む力は、どのように身につけられていくのか、具体的な例をあげて説明してください。

３．幼児期における自然との関わりには、どのような教育的効果が期待されるか整理し、まとめてみましょう。

【引用文献】
１）文部科学省『幼稚園教育要領解説』フレーベル館　2018年　p.80
２）レイチェル・カーソン　上遠恵子訳『センス・オブ・ワンダー』新潮社　1996年　p.23
３）前掲書１）　p.15
４）日置光久・村山哲哉・神長美津子・津金美智子編『子どもと自然とネイチャーゲーム　保育と授業に活かす自然体験』日本ネイチャーゲーム協会　2012年　p.20
５）公益社団法人　日本シェアリングネイチャー協会（旧：社団法人　日本ネイチャーゲーム協会）　https://www.naturegame.or.jp/
６）神長美津子・酒井幸子・田代幸代・山口哲也編『子どもと楽しむ自然体験活動』光生館　2013年　p.55
７）文部科学省『幼児理解に基づいた評価』チャイルド本社　2019年　p.14
８）山下久美・鋳物太朗『保育園・幼稚園での小さな生き物飼育手帖』かもがわ出版　2015年　p.16

【参考文献】
秋田喜代美他編『保育内容　環境』みらい　2006年
アリソン・ゴプニック　青木玲訳『哲学する赤ちゃん』亜紀書房　2010年
OECD編、星三和子他訳『OECD保育白書　人生の始まりこそ力強く：乳幼児期の教育とケアの国際比較』明石書店　2011年
無藤隆『幼児教育のデザイン　保育の生態学』東京大学出版会　2013年
外山紀子・中島伸子『乳幼児は世界をどう理解しているか』新曜社　2013年
ルドヴィクァ・ガンバロ他編『保育政策の国際比較』明石書店　2018年
降旗信一『ネイチャーゲームでひろがる環境教育』中央法規出版　2001年

第3章 子どもを取り巻く環境と課題

まずは描いてみよう！

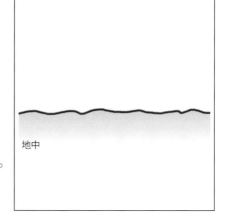

地中

●はじめのＱ

「植物の芽生え」という言葉から、あなたが思い浮かべる絵を描いてみてください（考える時間の目安：1分間）。

●本章の学びのめあて

あなたはどのような絵を描きましたか。以下は代表的な例です。あなたの絵はどれに近いですか。アサガオ、インゲンなども含めて、Ａ1のような図を描いた方が多かったのではないでしょうか。また、Ａ2〜Ａ4と答えた方も含めて、この発芽のイメージは何歳の時に学んだものか覚えていますか。

Ａ1が多いのには深いわけがあります。本章ではこのあなたの絵はいつどこから生まれたかということを手がかりにして、幼児と自然環境との様々な接点について考えます。

Ａ1：ヒマワリ
双子葉植物

Ａ2：サツマイモ
双子葉植物

Ａ3：イネ
単子葉植物

Ａ4：チューリップ
単子葉植物

第1節　周囲の環境、世界
　　　　―自然、季節、身近な動植物―

1. 幼児期ならではの自然環境教育

（1）年齢に応じた自然教材とその接点

　「芽生え」という言葉は小学3年の理科で登場します。しかし「芽が出ること」については、幼児教育でも毎年扱ってきました。「芽生え」が登場する小学校学習指導要領解説・理科編[1] を見てみましょう。第3学年の目標及び内容の項目における生命・地球の部分です。

小学校学習指導要領解説・理科編

第3章　各学年の目標及び内容

　第1節 第3学年の目標及び内容　B　生命・地球

（1）身の回りの生物

　　身の回りの生物について、探したり育てたりする中で、それらの様子や周辺の環境、成長の過程や体のつくりに着目して、それらを比較しながら調べる活動を通して、次の事項を身に付けることができるよう指導する。

ア　次のことを理解するとともに、観察、実験などに関する技能を身に付けること。

　㋐　生物は、色、形、大きさなど、姿に違いがあること。また、周辺の環境と関わって生きていること。

　㋑　昆虫の育ち方には一定の順序があること。また、成虫の体は頭、胸及び腹からできていること。

　㋒　植物の育ち方には一定の順序があること。また，その体は根、茎及び葉からできていること。

イ　身の回りの生物の様子について追究する中で、差異点や共通点を基に、身の回りの生物と環境との関わり、昆虫や植物の成長のきまりや体のつくりについての問題を見いだし，表現すること。

内容の取扱い

　身の回りの生物については，次のとおり取り扱うものとする。

　◎　アの㋑及び㋒については、飼育、栽培を通して行うこと。

　◎　アの㋒の「植物の育ち方」については、夏生一年生の双子葉植物を扱うこと。

（一部改変、下線は筆者による）

　最後の部分にある夏生一年生双子葉植物とはどんな植物でしょう。

　夏生とは、春に芽が出て、夏にぐんぐん育ち花を着け、秋には種ができそ

の種で冬を越す植物のことです。一年生は、芽から種までの一巡が1年で完結する植物のことです。樹木や根で冬を越すものは多年生といいます。双子葉植物は、根、茎、葉から構成される植物です。イネやチューリップのような単子葉植物は対象外です。

　つまり、理解しやすくするために、教材として扱われる植物には条件があるということです。結果として3〜6学年の理科の教科書[2]で扱う植物は、夏生一年生双子葉植物に該当するヒマワリ、ホウセンカ、ワタ、ピーマン、ヘチマ、インゲン、ジャガイモの7種類だけです。この限定によって、われわれがイメージする植物や発芽モデルが、双子葉植物の姿として日本人の中で合意を形成しています。発展や未来の象徴として芽生えを用いるとき、双葉が校章やマークに使われるのもこのためです。A1を描いた人が多かったのはこの教育成果と言っていいでしょう。

　それでは、理科では習わないA2〜A4を描いた人はどこで発芽をイメージしたのでしょうか。まさに就学前幼児教育や1・2学年の生活科で観察しているのです。植物の多様性の存在を体験によってすでに学んでいることを前提に、夏生一年生双子葉植物のみを扱う理科教育は成り立っているのです。

　生活科の教科書・上下[3]に登場する植物は、付録のミニ図鑑も含めると、70種に及びます。幼児教育には教科書は存在しませんが、幼児の植物遊びを扱ったガイドブック『草花あそび』[4]には108種が掲載されています。

（2）幼児教育における多様性の学び方

　さてそれでは、幼児教育ではどのようにして多様性を学ぶしくみになっているのでしょう。幼稚園教育要領解説[5]の中から「環境」の項目を見てみましょう。

幼稚園教育要領解説

第2章　ねらい及び内容　3 身近な環境との関わりに関する領域「環境」「内容の取扱い」

（2）幼児期において自然のもつ意味は大きく，自然の大きさ，美しさ，不思議さなどに直接触れる体験を通して，幼児の心が安らぎ，豊かな感情，好奇心，思考力，表現力の基礎が培われることを踏まえ，幼児が自然との関わりを深めることができるよう工夫すること。

　幼児が自然との直接体験から、その多彩さ、折々の変化、変わらない雄大な姿、繊細さに出会うことを重視しています。そして人間性の基礎がここから培われることにも言及しています。多様性の学びは、直接体験を除いて語

ることはできません。保育のエピソード[6]を眺めてみましょう。

 エピソード（1）　図鑑とちがう！ハルジオン（4歳児　自由遊び／6月）

ノコンギクの筒状花

　前の週からハルジオンがたくさん咲きだしました。4歳児の男の子たちがこの花を指で弾き飛ばす「花鉄砲」をはじめました。また、この遊びの中でアスタくんは、ハルジオンの花の中央に存在する筒状花群（多数の小さなラッパ状の花の集合体）の存在に気がつきました。保育者が用意しておいたルーペで観察してみたところ、「図鑑とちがう！」と言い出しました。
　図鑑のイラストで見たときは、中央の黄色い部分に一つの丸いプレートのようなものがペラっと張りついていると理解していたようでしたが、実際はもっと立体的で複雑な形をしていました。実物によって詳細な観察が促されたのです。さらに、秋になって同様の形態を持つノコンギクが新たに咲くと、「ルーペで見たい！」と言い出しました。以前の発見がいかに印象的であったかを物語っています。

　幼児は、保育者の指導がなくても、環境構成が適切であれば、その子ならではの自然体験によって大人が期待した以上の発見や学びをすることがあります。

2. 子どもが構築する生命観と世界観

Q：次の場面について、あなたは保育者としてどのように対応しますか？

 エピソード（2）　カメムシとの遭遇（4歳児　自由時間／7月上旬）

アカスジカメムシ

　園のハーブ畑で育てているフェンネルのつぼみに、ミランくんが1cmくらいのアカスジカメムシを見つけました。そのカメムシはサッカー選手のユニフォームのように赤と黒のビビットな模様をしています。ミランくんは興味津々な眼差しで、いまにもつまみ上げそうです。

　次の3つの対応から、適切だと思われるものを選んでみましょう。
A1：臭い虫であることを説明し、カメムシがとまっている枝ごと切り取り、子どもがいない場所へ放す。

A2：触ったり虐めたりすると、臭い匂いを出すことを説明し、そっと観察
　　するように促す。

A3：子どもが虫に触ろうとしても、そのまま見守る。

　答えはA1、A2、A3、すべてが正解です。しかし、それぞれ子どもの
発見や学びのレベルは異なります。

（1）子どもが描く生命観を探る

　教科書を使って学習しない幼児は、各々の体験だけからその事象あるいは
動植物に対する世界観を構築していきます。保育者や大人が介在する教示も
影響を与えます。その学びの内容については、写真などを示すことによって、
幼児に語ってもらうことができる場合もあります。

　次のエピソード（3）は幼児の自然体験の研究[7]からのカメムシに関する
調査の抜粋です。多くの大人はカメムシが大嫌いです。ところが、子どもは
そうとは限りません。子どもは変化のあるものが好きですし、匂いを出すも
のにも好奇心を示します。

 ## エピソード（3）　昆虫の写真から（4歳児／12月）

　メタリックグリーンがかっこいいツノアオカメ
ムシの写真を幼児たちに示しました。7月に見せ
た時には、一斉に「臭い虫！」「駄目な虫！」の
声が上がりました。「どんな匂いですか？」の質
問には、実際に嗅いだことはないようで、「臭い
ことは知っている」の答えだけでした。

ツノアオカメムシ

　その後、夏の間に多くの幼児が豊富な自然体験をしました。12月に再
度この写真を見せたところ、「どんな匂いですか？」の質問には、「ボンド
の匂い」「味噌汁のワカメの匂い」「机の匂い」「台拭きの匂い」など、様々
な声があがりました。「優しくすると臭くしないよ」との発言もありました。

(2) 子どもを取り巻く自然や動植物を知る

　エピソード（3）のように、幼児は観察や体験から多くを発見します。子
どもを取り巻く自然環境について、保育者はある程度の知識をもっておく必
要があります。あるいは必要に応じて調査する手法を身につけておかなけれ
ばなりません。一例としてカメムシについて確認してみましょう。

Q：日本には何種類のカメムシが生息しているでしょう？

A：約700種以上います[8]。

みんなはどれぐらい
知っているかな？

Q：カメムシの匂いはどの種類も同じでしょうか？

A：カメムシはセミに近い仲間で、ストロー（口吻）で植物の養分を吸います。
　　どの植物を吸うかによって臭いも異なります。セリ科の植物を好む種類は
　　パクチーやセロリのようなハーブの臭いがします。臭いの強弱も様々です。

Q：カメムシはいつでも臭いのでしょうか？

A：鳥からの捕食などの危機が迫った時に臭気を発します。初めに登場した
　　アカスジカメムシのように、なかなか臭いを出さないものもいます。

Q：カメムシの臭気には毒性はありますか？

A：草食性のものは人体に際立った害[*1]はないようです。ただし、最も臭気
　　の強烈なクサギカメムシについては皮膚炎の報告[9]があります。

宝石との異名をもつアカスジキ
ンカメムシの幼虫（上）と成虫

ハート型のエンブレムを背負っ
て卵を護るエサキモンキツノカ
メムシ

強烈な臭気のクサギカメムシ

（3）保育者はどう関わるべきか

　64ページのエピソード（2）のQに戻って、A1〜A3の教育効果につい
てあらためて考えてみましょう。

A1：カメムシは臭い虫であることを、不快な体験をせずに、保育者の教示
　　によって学ぶことができます。しかし観察の機会も取り除かれるので、生
　　き物の生態について多くの発見は望めません。

A2：不快な体験の可能性は軽減し、生き物の特徴や習性、他種との違いな
　　ど、多様性の存在について学ぶことができます。

A3：生き物との接触が生じる可能性があります。臭気の有無、感触、捕獲
　　への抵抗など、生き物への印象に関する多様性は飛躍的に拡大します。

　A1〜A3には、それぞれに学びや発見の深さに差はありますが、全員が
そろって必ず至らなければならない正解はありません。生き物に出会うこと
も含め、偶然の結果であってよいのです。自然とのふれあいの積み重ねによっ
て、自然観や生命観は培われてゆきます。そして、それが個人のアイデンティ
ティー形成の一端を担うことになります。

　この学びのメカニズムさえ忘れなければ、保育者がどのように関わっても正しい出口に変わりはありません。その子どもが生き物を怖がっているようであれば、取り除いてあげればよいでしょう。冒険をしたい子どもには、危険性は少ないことを確認したうえで、見守りつつ触れさせればよいでしょう。状況を見極め、その時点で最良と思われる対応をして下さい。

　カメムシを例として述べましたが、すべての自然事象、動植物についても同様です。自然環境教育ではその自然自体が"先生"です。保育者はその先生のいる場所へ案内することが、まずは大切なことなのです。

第2節　子どもを取り巻く環境の課題 （知識基盤社会と ESD）

1. 子どもを取り巻く社会と教育

（1）知識基盤社会とは

　日進月歩の科学技術の進展とそれに伴う情報発信の高速化で、世界中の価値観はめまぐるしく変化しています。たとえば、ヒトゲノム計画[*2]は 1990 年に 20 年後の完成を見込みスタートしましたが、コンピュータの解析速度の飛躍的向上によって 2000 年を待たずに完成してしまいました。個人の膨大な遺伝情報も、世界中で、しかも瞬時に共有可能となりました。これによって、長い間サイン・印鑑や指紋で行われてきた個人認証の方法も、顔認証や血管認証に変わり、今やゲノム認証に変わろうとしています。誰も予想できなかった展開です。

　このように、情報の更新によって今までの常識が一気に陳腐化してしまうのが知識基盤社会[*3]の特徴です。この言葉を耳にするようになってから、学校教育も変わり始めました。知識基盤社会について、文部科学省の科学技術・学術審議会人材委員会[10] は次のように定義しています。

> 　英語の knowledge-based society に相当する語。論者によって定義付けは異なるが、一般的に、知識が社会・経済の発展を駆動する基本的な要素となる社会を指す。類義語として、知識社会、知識重視社会、知識主導型社会等がある。

　このような時代の中で、教育の社会的な役割も不明瞭なものとなり、教育

＊2
ヒトの全遺伝情報を読み出しデータベース化する計画です。

＊3
1969 年、オーストリアの経営学者・ピーター・ドラッカー（Peter F. Drucker）によって生み出された知識基盤経済という言葉にルーツをもちます。

界は揺らいでいます。これまでは共通の到達目標を設定して一斉に学習する能力の育成でしたが、これからは、予測のできない新たな課題へ個々が臨機応変に対応できる能力の育成へと学校教育も転換しつつあります。その象徴がアクティブ・ラーニング（主体的・対話的で深い学び）です。知識基盤社会の中で、幼児教育はどうあるべきなのでしょうか。

(2) 持続可能な世界を作る教育（ESD, Education for Sustainable Development）

ESD や SDGs（Sustainable Development Goals ＝持続可能な開発目標）*4 という言葉が世界中で聞かれるようになりました。このまま何もしなければ、この人類の繁栄を持続できないということなのでしょう。ESD について、文部科学省のユネスコ活動を紹介するホームページ 11) に次のように説明されています。

*4
2015 年 9 月に開催された国連サミットの中で決められました。17 の目標によって構成された国際社会の共通目標です（89 ページ参照）。

> ESD は Education for Sustainable Development の略で「持続可能な開発のための教育」と訳されています。
>
> 今、世界には環境、貧困、人権、平和、開発といった様々な問題があります。ESD とは、これらの現代社会の課題を自らの問題として捉え、身近なところから取り組む（think globally, act locally）ことにより、それらの課題の解決につながる新たな価値観や行動を生み出すこと、そしてそれによって持続可能な社会を創造していくことを目指す学習や活動です。
>
> つまり、ESD は持続可能な社会づくりの担い手を育む教育です。

平和で豊かな日本では、貧困や人権侵害は縁遠いものと考えられてきました。しかし、そうではないのです。世界中の隅々からこれらがなくならなければ、持続可能な平和な世界は実現しないだけではなく、日本のこの平和を維持することも不可能になるというのです。持続可能な社会づくりの担い手を育む教育にむけて、学校教育では新しい取り組みが始まっています。

たとえば、「おいしいチョコレートがいつまでも食べられるためには何をすればいいか」という課題があります。学習展開の一例を紹介しましょう。
1）チョコレートの原料であるカカオは主にアフリカで生産されています。
2）そのカカオを収穫するのは子どもたちです。
3）その子どもたちは仕事が忙しくてなかなか学校へ通えません。
4）日本の小学生は何をしたらいいですか？

答えはたくさん出てきます。それでは、世界という概念が確立していない幼児に対して、そして学習という形態をとらない幼児教育ではどのような取

り組みが考えられるでしょうか。

2. 知識基盤社会の中で子どもはいかに学ぶべきか

　どのような学習も、まずその基盤となる共通認識が必要です。小学校教育の基盤は、就学前に培われます。その基盤が整っていなければ学習計画の構築は困難となります。小学１年生の学級運営が難しいのもこれが原因です。まちまちな家庭環境で、またそれぞれの方針にもとづく幼児教育で育ってきた６歳児が小学校に集結します。昔であれば幼稚園にも保育所にも通っていない子どもも多数いました。しかし、困難とはいえ、先生方の苦労もあって学習は成立します。それはなぜでしょう。まちまちの環境で育ったとはいえ、子どもたちの価値観はおおむね共通しているからです。それを育むのが、幼児期の社会体験であり自然体験なのです。

　動かない植物も、種子や球根から発芽し、水をあげているうちに目には見えないゆっくりとした速度で大きくなり、季節がめぐれば花を咲かせます。昆虫を飼っていればやがて動かなくなり、必ず死が訪れます。泣いて訴えても、ゲームや玩具のように電池を交換しても復活させることはできません。生命の概念はこのようにして身についてゆきます。

　以下に生命観に関わるエピソード（4）[7]を示します。

 ### エピソード（4）　クルマバッタモドキの最期（4歳児　自由遊び／6月）

　ホッパくんがクルマバッタモドキの幼虫を捕獲しました。手でもち歩いているうちに、加減がわからず、バッタの腹部がつぶれてしまいました。ホッパくんは戸惑った表情になり、動かなくなったバッタと汚れた指をしばらく見つめていましたが、「バッタがオシッコ漏らした！」と言って、

クルマバッタモドキ

放り出しました。その直後、そばにいた友達のケットくんが「オシッコ漏らしのダメな子めー」と言って、そのバッタを踏みつぶしてしまいました。

　4歳児にとって生死の概念はまだ未発達ですが、「生きている」という認識は明らかにもっています。図らずも生命を奪ってしまった瞬間の感触には、理解のできない強烈な印象があったようです。ホッパくんの脳裏を複雑な感情が交錯したことでしょう。小さな生命からの無言の抵抗とメッセージ、何かを壊してしまったという取り返しのつかない罪悪感、不快な感触、恐怖感など……。ケットくんも同じ感情を共有しており、だからこそわざわざ踏み

つぶす行為へと発展したのかもしれません。

　先にも述べたように、学校教育の基盤となる自然観や生命観、社会観や人間観を育てるのが幼児教育です。体験による学びは経験数が増せば増すほど平均値に集束してゆき、偏りがなくなっていきます。これによって基盤となる共通認識が成立します。また同じく経験数が増えることによって、振れ幅が大きくなり多様性への理解も広がってゆきます。幼児期の環境教育で最も大切なことは、より上質な体験を、より数多く提供することです。

３. 持続可能な世界を作る教育を実践するために

　われわれ大人が思い描く明るい未来の世界や社会を作るために子どもたちは存在しているのではありません。子どもは彼ら自身のために存在しているのです。たとえば、エネルギーや資源が枯渇してゆく未来に向けて節約することは大切なことですが、その節約の精神を植え付けるのがESDではありません。資源枯渇の事実を子どもたちに伝えることと、その資源を温存することは大人の役目です。そして、現在の大人が考えることすらできないような未知の方法も含め、未来での解決策を探るのは未来の子どもたちです。子どもたちが「未来」を正しい方向に導く素養を身に着けるための手助けが、われわれに求められるESDであると言えるのではないでしょうか。

 ・・・・・・・・・・・・・・・・・・・・・・ 演習課題

①まとめの演習課題
　「知識基盤社会」と「ESD」という用語を、それぞれ50字程度で説明してください。また、子どもたちが望ましい世界観を身に着けるために幼児教育は何をすればよいでしょう。子どもたちが世界の多様性を理解するために幼児教育は何をすればよいでしょう。

②発展的な演習課題
　子どもが「いのちの存在」を考えるきっかけには、「この小さなお花もいっしょうけんめい生きているから大切にしようね」といった大人や保育者からの教示や、手に取った昆虫を図らずも殺してしまった場合のような自らの自然体験などが考えられます。前者と後者の本質的な違いについて話し合ってみましょう。あなたの経験を例にして述べてもよいです。

☞ 深めるワンポイント　**生物の「学名」ってなに？**

　みなさんは学名という言葉を聞いたことがあるでしょうか。たとえば図鑑を見ると、日本語の生物名（標準和名）の下に、アルファベットでも記されています。ラテン語で表されたこれが学名（scientific name）です。また、われわれ人間のことをホモ・サピエンスといいますが、それも *Homo sapiens*（「人＋賢い」の意味）という学名に基づいています。学名は、人名（姓＋名）のように、２つの語（属名＋種小名）から成り立っていて、世界のどの国でも通じる共通の生物名です。参考までに本章に登場した生き物の名前を下に掲載します。

　　ヒマワリ（*Helianthus annuus*・キク科）

　　サツマイモ（*Ipomoea batatas*・ヒルガオ科）

　　イネ（*Oryza sativa*・イネ科）

　　チューリップ（*Tulipa gesneriana*・ユリ科）

　　アサガオ（*Ipomoea nil*・ヒルガオ科）

　　インゲン（＝ゴガツササゲ・*Phaseolus vulgaris*・マメ科）

　　ホウセンカ（*Impatiens balsamina*・ツリフネソウ科）

　　ワタ（*Gossypium arboreum*・アオイ科）

　　ピーマン（＝シシトウガラシ・*Capsicum annuum*・ナス科）

　　ヘチマ（*Luffa cylindrica*・ウリ科）

　　ジャガイモ（*Solanum tuberosum*・ナス科）

　　ハルジオン（*Erigeron philadelphicus*・キク科）

　　ノコンギク（*Aster microcephalus*・キク科）

　　フェンネル（＝ウイキョウ・*Foeniculum vulgare*・セリ科）

　　アカスジカメムシ（*Graphosoma rubrolineatum*・半翅目カメムシ科）

　　ツノアオカメムシ（*Pentatoma japonica*・半翅目カメムシ科）

　　クサギカメムシ（*Halyomorpha halys*・半翅目カメムシ科）

　　アカスジキンカメムシ（*Poecilocoris lewisi*・半翅目キンカメムシ科）

　　エサキモンキツノカメムシ（*Sastragala esakii*・半翅目ツノカメムシ科）

　　クルマバッタモドキ（*Oedaleus infernalis*・直翅目バッタ科）

【引用文献】

1）文部科学省「小学校学習指導要領解説・理科編」 2017 年

2）『新しい理科・3、4、5、6』東京書籍 2011 年

3）『新しい生活・上、下』東京書籍 2011 年

4）熊谷清司『草花あそび』文化書房博文社 1986 年

5）文部科学省『幼稚園教育要領解説』フレーベル館 2018 年

6）山崎裕「『野生空間』が育む可能性」 こども芸術教育研究センター研究紀要（東北

　　芸術工科大学）Vol.2、2007 年　pp.158-159 より一部改変

7 ）山崎裕「幼児自然教育に活かす芸術的感性 − 1　自然観・生命観形成過程における
　　幼児期の実体験とそれを促す働きかけの方法と効果」　こども芸術教育研究センター
　　研究紀要（東北芸術工科大学）Vol.4、2009 年　p.27. より一部改変

8 ）友国雅章監修『日本原色カメムシ図鑑』全国農村教育協会　1993 年

9 ）夏秋優『臨床図鑑 虫と皮膚炎』秀潤社　2013 年　pp.25

10）文部科学省「科学技術・学術審議会　人材委員会」2008 年
　　https://www.mext.go.jp/b_menu/shingi/gijyutu/gijyutu10/

11）文部科学省「ESD（Education for Sustainable Development）」2013 年
　　https://www.mext.go.jp/unesco/004/1339970.htm

第**4**章 幼児期の学びから小学校以降への学びへ
－環境・体験の質と学びの展開－

●はじめのQ

　学校教育法第22条（幼稚園教育の目的）に「幼稚園は、義務教育ならびにその後の教育の基礎を培う」という一節があります。それでは「義務教育ならびにその後の教育の基礎」とは、具体的に何を指しているのでしょうか（考える時間の目安：10分）。

 エピソード(1) 「ご入学おめでとう！」（入学式後しばらくたった4月）

　　幼稚園に卒園児のヒロシくんがお母さんと一緒に遊びに来ました。数週間前に入学式を終えたばかりです。真新しい制服に制帽、黄色い被いのかかった大きなランドセルを背負っています。キラキラした笑顔で学校でのことを得意げに話しています。
　保育者「ヒロシくん、ご入学おめでとうございます」
　ヒロシ「ありがとう」
　おかあさん「ありがとうございます。何とか小学生になりました。学校でちゃんとやれているのか心配です」
　ヒロシ「先生、小学校はねえ、幼稚園と違って勉強があるし、先生の話をちゃんと聞かないとだめなんだよ。宿題もあるんだよ」
　保育者「へえ、そうなの。がんばってるんだねえ」
　ヒロシ「幼稚園の子は、遊んでばっかりでいいねえ」

●本章の学びのめあて

　エピソード（1）のやりとりのように、子どもも保護者も、場合によっては保育者も就学前の保育・教育と小学校教育との間に大きな違いや境目があるような認識をもっています。園校種の違いはあれど、子どもの成長・発達、資質・能力の育成をその目的とするのであれば、それらが目指すものに一貫性や接続性がなければなりません。学びの連続性・接続性として、幼保等における環境を通しての学びが小学校教育をはじめ以降の教育、さらに生涯の学びにどのようにつながっていくのかについて学びましょう。

第1節　学びの連続性

1. 生涯学ぶ存在としての人間

　人間の成長・発達は、遺伝および環境要因が輻輳す^{ふくそう}ることでもたらされると考えられています。人間は遺伝というDNA由来の先天的な要因と、後天的な多様な経験・学習等が相互に関係し合いながら育っていきます。また、人間は生涯において継続的に成長・発達していく存在であるため、学齢期のみならず生涯に渡り成長・発達の糧となる経験や学習が必要になっていきます。これらの経験や学習は、子どもの時期から生涯

生後まもない赤ちゃん

に渡り、生活する中で様々な対象・存在と関わり合いながら個性的に展開されます。したがって、その人が、どこで、何を、どのように経験し、広い意味で何を、どのように学んでいったのか、つまり「環境との関わり」が人間の成長・発達に大きく影響すると考えられます。

　フランスの教育思想家のポール・ラングラン（Paul Lengrand）は、そうした考えをもとに、教育を生涯に渡る人間の可能性を導き出す活動である「永続的教育」（l' education permanente）としてとらえ、「生涯教育」の理念を提唱しました[1] [*1]。

＊1
教育の方向性としての生涯教育の概念は、やがてより積極的に学びをとらえる「生涯学習」の構想へと展開しました。人間の誕生から死に至る生涯を通じて教育（学習）の機会を提供する必要性や、発達の総合的統一性という視点から、様々な教育を調和・統合していくことが求められています。

2. 幼稚園等では義務教育やその後の教育の基礎を培う

　人間を生涯学ぶ存在としてとらえ、それぞれの成長・発達の時期にふさわしい学びがあるとすれば、幼児期の学びは以降の学びの基礎となる力を培うことが目的となります。生涯の学びは、園や学校においてのみなされるものではありません。しかしながら、園や学校での学びは、学び方を学び、学ぶことの喜びを感じることで、生涯の学びに向けた動機を獲得し、高めていくうえで重要な役割を担っています。それは、学校教育法第22条（幼稚園教育の目的）に示される「幼稚園は、義務教育及びその後の教育の基礎を培うもの（略）」にも見出されます。

　保育は、子どもたちの現在（いま）を大切に、さらに豊かな未来（あす）を目指して行われる営みとされます。保育は目の前の子どもが、つつがなくただその刻々を楽しく過ごせるためにといった次元で計画され、展開されるものではありません。担任を担当する期間や勤務する施設等にいる期間における心身の成長・発達などを目的にするに止まらず、将来的・全人的な視点

から、その時期に何を体験し、子ども自らが何を学びとっていくことが必要なのかを検討し、保育を計画・実施していく必要があります。倉橋惣三が『幼稚園真締』で示した「生活を、生活で、生活へ」という言葉は、「誘導保育論」として、そうした保育の大切な考え方を端的に表したものです[2] *2。

第2節　幼小連携・接続について

1. 幼小連携・接続の背景と経緯

　幼稚園と小学校のみならず就学前保育・教育機関と小学校間の連携である「幼小連携」は、以前は保育所や学校教育機関、各校種間の連携は国立大学の附属校間や研究指定による取り組みなどの場合以外には、あまりみられませんでした。その後、「学級崩壊」といわれる衝撃的な問題が全国的に生じ、いわゆる「小1プロブレム」に対する取り組みとして幼小連携に力が入れられるようになります。

　「幼小接続」とは、幼児教育と小学校教育を滑らかにつなぐことを目的に、幼小連携の推進のために実施されるカリキュラムレベルでの具体的な取り組みとされます[3]。これには幼小という学校同士の接続をはじめ、保育所や認定こども園といった幼児期の教育を担う施設で行われる教育と小学校教育との接続をも含められます。子どもの発達や学びの連続性を保障するために幼児期と児童期の教育が円滑に接続し、体系的な教育が組織的に実施されることが重要とされています。

　当初、接続の取り組みは、双方が相互に行事に参加したり、生活や遊びをともしたりするなどの行事的・スポット的な交流を中心としたものがほとんどでしたが、次第に本質的に踏み込んだ連携へと変化していきます。とくに小1プロブレムが落ち着きをみせるようになると、「スタートカリキュラム」といわれるカリキュラムレベルでも接続が検討されるようになっていきます。

　表4－1は、幼稚園教育要領、保育所保育指針、幼保連携型認定こども園教育・保育要領と中教審答申における幼小接続の足跡を示したものです[4]。

　「幼小接続」は、1998（平成10）年に幼稚園教育要領の中にはじめて登場しました。

異年齢の交流は貴重な体験

*2
倉橋は、幼児教育を「根の教育」ととらえ、幼児自らが成長発展していく力（自己成長力）の育成を目的としました。日常生活（「さながらの生活」）における遊びを通して幼児自身が感性や知性などの精神能力、感覚器官や身体器官を十分に働かせることの重要性を示しました。そうした力を「生活を、生活で、生活へ」に示される生活重視・誘導重視の保育方法において培おうとしました。それは、子どもたちに「ありのまま（さながら）」の生活から出発して、その生活を、生活と結びついた方法で、新しい内容をもった生活へと高めていこうとする力を身に付けていこうというものです。

表4－1　幼稚園教育要領、保育所保育指針、幼保連携型認定こども園教育・保育要領と中教教審答申等の変遷

1948（昭和 23 年 3 月）　「保育要領」刊行　（※印は幼小接続を明記）
1956（昭和 31 年 2 月）　「幼稚園教育要領」編集（刊行）（昭和 31 年 4 月実施）
1964（昭和 39 年 3 月）　改訂「幼稚園教育要領」②告示（昭和 39 年 4 月施行）
1965（昭和 40 年 8 月）　「保育所保育指針」通知・施行
<u>1971　『今後における学校教育の総合的な拡充整備のための基本的施策について』（中央教育審議会第一次答申）</u>
1989（平成元年 3 月）　改訂「幼稚園教育要領」③告示（平成 2 年 4 月施行）
1990（平成 2 年 3 月）　改定「保育所保育指針」②通知（平成 2 年 4 月施行）
<u>1997　『時代の変化に対応した今後の幼稚園教育の在り方について―最終報告―』（中央教育審議会）</u>
1998（平成 10 年 12 月）　改訂「幼稚園教育要領」④告示（平成 12 年 4 月施行）※
1999（平成 11 年 3 月）　改定「保育所保育指針」③通知（平成 12 年 4 月施行）
2008（平成 20 年 3 月）　改訂「幼稚園教育要領」⑤告示（平成 21 年 4 月施行）※
改定「保育所保育指針」④告示（平成 21 年 4 月施行）※
<u>2010　『幼児期の教育と小学校教育の円滑な接続の在り方について（報告）』（幼児期の教育と小学校教育の円滑な接続の在り方に関する調査研究協力者会議）</u>
2014（平成 26 年 4 月）　「幼保連携型認定こども園教育・保育要領」告示（平成 27 年 4 月施行）※

出典：国立教育政策研究所「幼小接続の育ち・学びと幼児教育の質に関する研究〈報告書〉」2017 年

保幼小の接続・連携は長いいきさつがあるんだね。

　その後、保育所保育指針や幼保連携型認定こども園教育・保育要領においても扱われるようになっていきます。1971（昭和 46）年の中央教育審議会第一次答申において「幼稚園と小学校の教育に『接続性』という言葉が初めて使われ」、1997（平成 9）年中央教育審議会の最終報告では「小学校との連携」が明記され、「幼児教育と小学校教育が連続性・一貫性の元で構成」されるべきことが示されました。それを受けて、国立教育政策研究所教育課程研究センターは 2005（平成 17）年に、幼児期から児童期への教育を意識した教育課程の編成と実施に関する考え方を提言しました。さらに、2010（平成 22）年には「幼児期の教育と小学校教育の円滑な接続の在り方に関する調査研究協力者会議」の報告により、円滑な接続の在り方が「目標・教育課程・教育活動」の三つの観点から体系づけられました。

　連携・接続教育は、今回の大きな教育・保育改革のなかで保幼小から高等学校までの一貫した教育の構築に向けて発展的に進んでいます。さらに、学校教育の枠組みのパラダイム変換から、各地に「義務教育学校」「中等学校」などが数多く創設されるようになったのもこうした現れのひとつです。学校教育法第 22 条に謳われている「義務教育及びその後の教育の基礎を培う」は、お題目ではなく連携・接続を視野に入れ、目標・教育課程・教育活動などの現実性をもって保育や教育を展開していく段階になっています。

2. 幼稚園教育と小学校教育の連携・接続

　ここでは、幼小連携の中でもとくに平成10年以降の幼稚園教育要領における幼稚園と小学校の連携・接続に関する記述から、教育連携の考え方、進められ方についてみていきます。

　○平成10年「幼稚園教育要領」
・「小学校以降の生活や学習の基盤の育成につながることに配慮し、幼児期にふさわしい生活を通して、創造的な思考や主体的な生活態度などの基礎を培うようにすること。」[5]
　○平成20年「幼稚園教育要領」
・「幼稚園教育と小学校教育との円滑な接続のため、幼児と児童の交流の機会を設けたり、小学校の教師との意見交換や合同の研究の機会を設けたりするなど、連携を図るようにすること。」[6]
　○平成29年「幼稚園教育要領」
・「幼稚園においては、幼稚園教育が、小学校以降の生活や学習の基盤の育成につながることに配慮し、幼児期にふさわしい生活を通して、創造的な思考や主体的な生活態度などの基礎を培うようにするものとする。」[7]
・「幼稚園教育において育まれた資質・能力を踏まえ、小学校教育が円滑に行われるよう、小学校の教師との意見交換や合同の研究の機会などを設け、『幼児期の終わりまでに育ってほしい姿』を共有するなど連携を図り、幼稚園教育と小学校教育との円滑な接続を図るよう努めるものとする。」[8]

　平成10年版には、「小学校以降の生活や学習の基盤の育成」に配慮して、「創造的な思考や主体的な生活態度などの基礎」を培うことが示され、学習のみならず生活の「基盤の育成」についてもふれられています。平成20年版では、幼小教育の「円滑な接続」のための、双方の子どもの交流や教師の「意見交換や合同の研究」の機会を設けたりするなど連携のあり方について示されています。「小1プロブレム」などを背景に幼小連携が積極的に推進されようとした時期でもありました。また、平成29年版には、平成10年版から示された「生活や学習の基盤の育成」「創造的な思考や主体的な生活態度などの基礎を培う」ことに加えて、平成20年版に示された幼小教育の「円滑な接続」の内容と、新たに「幼児期の終わりまでに育ってほしい姿」を共有していくことが示されています。

　平成29年版に示された内容は、それまでの幼稚園と小学校との間で進められてきた連携の集積結果とも考えられます。

❸. 学びの芽生えと自覚的な学びとスタートカリキュラム

　最近の幼小連携は、教育の内容や方法などのカリキュラムレベルでの連携となりつつあります。スタートカリキュラムを編成し、それにより双方が連携することで教育を実施するというものです。

（1）学びの芽生えと自覚的な学びをつなげる

　幼児がそれまでの園生活を円滑に小学校の生活や学習へ適応できるようにしていくとともに、幼児期までの学びが小学校の生活や学習などに継続的に活かされるように計画された5歳児のカリキュラムを編成することが大切です[9]。具体的には、小学校の就学を間近に控えた1〜3月頃の期間に、幼保などの子どもたちが小学校で実地に小学生の生活や学習について知るために模擬体験をしたり、小学校教諭や児童などと関わったりします。また、保育者と小学校教諭が互いに幼児教育・保育や小学校教育について理解を深めるために学習会を実施したり、個々の子どもたちに関する情報交換などをしたりします。

（2）スタートカリキュラムとは

　スタートカリキュラムは、小学校学習指導要領解説生活編によれば、「学校生活への適応が図られるよう、合科的な指導を行うことなどの工夫により第1学年入学当初のカリキュラムをスタートカリキュラムとして改善することとした」[10]と説明されています。すなわち、「新入児童の入学直後約1か月間において、児童が幼児期に体験してきた遊び的要素とこれからの小学校生活の中心をなす教科学習の要素の両方を組み合わせた、合科的・関連的な学習プログラム」[11]のことです。

（3）スタートカリキュラムの編成と連携教育に向けて

　小学校学習指導要領解説は、幼小の教育を考えるうえで「学び」の質の変革を次のように述べています。「幼児期における遊びを通した総合的な学びから、各教科等における、より自覚的な学びに円滑に移行できるよう、入学当初において、生活科を中心とした合科的・関連的な指導などの工夫」[12]をする必要があるとしています。図4−1のようにスタートカリキュラムでは、発達段階をふまえ「学びの芽生え」（「遊びを通した総合的な学び」）から「自覚的な学び」に育てていくための道筋を示すことがねらいとなります[13]。

幼児期の学びと育ちを大切につなぎましょう

発達の段階の連続性を踏まえて

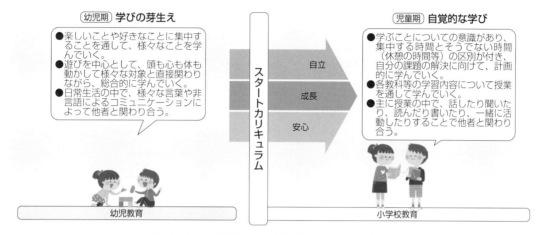

図4-1　幼児教育と小学校教育の学びの質の展開

出典：文部科学省国立教育政策研究所教育課程研究センター「スタートカリキュラム」スタートカリキュラムの編成の仕方・進め方が分かる　～学びの芽生えから自覚的な学びへ～」2015年

（4）スタートカリキュラムの展開

　小学校学習指導要領解説には、スタートカリキュラムを展開していく際の留意事項を以下のように示しています[14]。

小学校学習指導要領解説

・「小学校低学年は、幼児期の教育を通じて身に付けたことを生かしながら教科等の学びにつなぎ、児童の資質・能力を伸ばしていく時期である。」

・「幼児期の終わりまでに育ってほしい姿を手掛かりに幼稚園の教師等と子供の成長を共有することを通して、幼児期から児童期への発達の流れを理解することが大切である。」

・「生活科と各教科等の関連を図るなど、低学年における教育課程全体を見渡して、幼児期の教育及び中学年以降の教育との円滑な接続が図られるように工夫する必要がある。」

・「幼児期の遊びを通じた総合的な指導を通じて育まれてきたことが、各教科等における学習に円滑に接続されるよう、スタートカリキュラムを児童や学校、地域の実情を踏まえて編成し、その中で、生活科を中心に、合科的・関連的な指導や弾力的な時間割の設定など、指導の工夫や指導計画の作成を行うことが求められる。」

　小学校教育においては、まず「幼児期の終わりまでに育ってほしい姿を手掛かり」に「幼児期から児童期への発達の流れ」を理解することの必要性を

示しています。そのうえで、遊びや生活を通して幼児期に「身に付けたこと」を生かしながら「児童の資質・能力を伸ばしていく」ことを前提としています。そのための教育課程は、生活科等を中心に「低学年における教育課程全体を見渡し」、さらに「中学年以降の教育との円滑な接続が図られるよう」編成していくことを述べています。

図4－2は、幼児教育⇒接続期⇒小学校低学年⇒小学校中学年以降の教育の組織的な展開について、スタートカリキュラムと生活科を要として位置づけたイメージ図です[15]。それぞれの校種や時期、教科等において育んでいこうとする力や学び、育ちの姿などについて組織的な視点から教育のあり方について示しています。

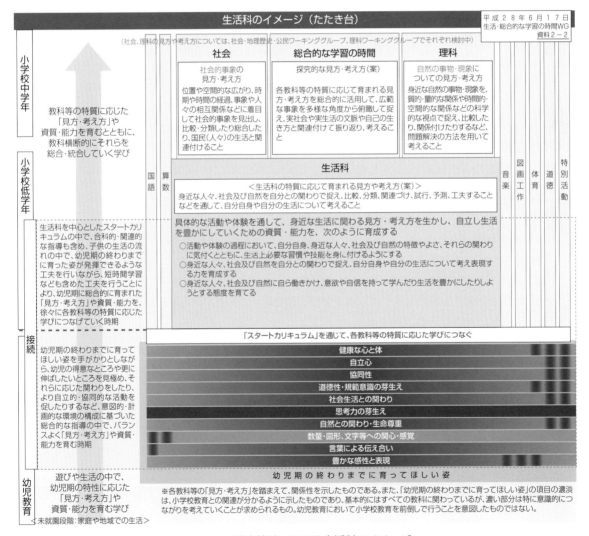

図4－2　幼小接続における生活科のイメージ

出典：中央教育審議会初等中等教育分科会教育課程部会「生活・総合的な学習の時間ワーキンググループ資料2-2」2016年

　教育の展開では、幼児教育の基本である環境による教育において「遊びを通した総合的な指導」により育まれたものを小学校の「各教科等における学習に円滑に接続される」ためにスタートカリキュラムを編成・実施することが示されています。編成においては、「児童や学校、地域の実情を踏まえ」「生活科を中心に、合科的・関連的な指導や弾力的な時間割の設定など」をするなど「指導の工夫や指導計画の作成」が求められています。

　図4-2に見られるように、幼児教育と小学校教育の接続の中心となっているのは生活科です。「幼児期の終わりまでに育ってほしい姿」が育まれた接続期当初や小学校低学年では、生活科が中心となり合科的な扱いによりスタートカリキュラムが実施され、やがては社会科や理科、総合的な学習に引き継がれていく授業展開のイメージが示されています。

　スタートカリキュラムの編成については、次のように示されています[16]。編成のポイントは、「成長の姿」「発達の特性」をふまえて、「自ら学びを広げていく」ことのできる整った「学習環境」のもとで、「時間割や学習活動を工夫」し、「生活科を中心」とした「合科的・関連的な指導」行うとされています。子どもの実態を深く理解し、地域等の実情に合わせてカリキュラムを編成することは自明の理ですが、幼児期と学童期の接続という点からどちらかに合わせるということではありません。「遊びを通した総合的な指導」を「合科的・関連的な指導」へとつなげていく、いわばのりしろを柔軟にしていこうというのです。

スタートカリキュラムのカリキュラムデザインにおけるポイント
①一人一人の児童の成長の姿からデザインする。
②児童の発達の特性を踏まえて、時間割や学習活動を工夫する。
③生活科を中心に合科的・関連的な指導の充実を図る。
④安心して自ら学びを広げていけるような学習環境を整える。

第3節　身近な環境（自然環境や社会環境）などからの学びと概念等の形成

1. 「生きる力の基礎」となる学びの糧としての環境

　領域「環境」の目標は、「周囲の様々な環境に好奇心や探究心をもって関わり、それらを生活に取り入れていこうとする力を養う」とあります。環境とは、園における子どもの身の回りのすべての存在を意味します。それらは、物的・人的環境、社会事象（社会現象、社会のシステム、人工物など）、自然事象（自然現象、自然物など）、時間、空間、雰囲気などのことを指します。

　これらの環境は無限の広がりをもちますが、中でも子どもの成長・発達の糧となる、いわゆる教育的・保育的環境となる部分はわずかなものです。それも、子どもの周囲の環境に対する態度や保育者の配慮によってその範囲はさらに大きく異なります。幼稚園教育要領解説の「2　環境を通して行う教育　（1）環境を通して行う教育の意義」にも示されるように、「環境に関わって幼児が主体性を十分に発揮して展開する生活」[17] となるための保育者の援助のあり方が問われます。

　今や園生活において保育の対象となる環境は、園内にとどまるものではありません。園外の環境を保育に位置づけ、豊かな環境からの学びはさらに拡大し続けています。図4-3は、環境の拡がりについて図式化したものです[18]。この図に示されたものもごく一部であり、時代の変化によりさらに多様になっています。

　子どもが周囲の環境との関わりから得る学びは、単に知るだけ、経験するだけでは十分ではありません。その後の「生きる力」となり資質・能力として結実していくには、領域の目標に掲げられているように、その子どもらしい内容や方法で「生活に取り入れていこうとする力」までを想定し、養うことを目指していくことが求められます。

　こうして環境との関わりから得られた学びは、図4-1で示したように次第に「学びの芽生え」から「自覚的な学び」へと質を変化させていきます。幼児期の感覚的で個性的な学びは、やがて学びの基礎力育成のために児童期（低学年）にかけて「三つの自立」である「学びの自立」「生活上の自立」「精神的な自立」を育むための教育につながります。その学びは、幼児期以降の学校生活や教科学習の基盤となる事象の概念理解や種々の存在・行動の定式化等につながります[19]。

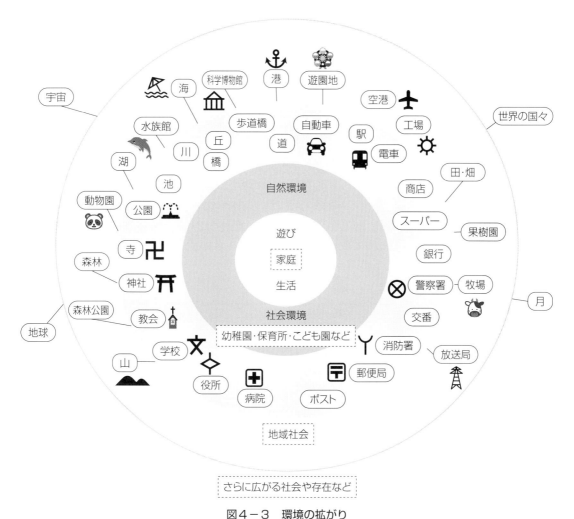

図4－3　環境の拡がり

出典：大澤力編『体験・実践・事例に基づく保育内容「環境」』保育出版社　2008年をもとに筆者作成

2．自然環境や社会環境からの学び

（1）自然環境との関わりから

　表4－2は、幼児期に子どもたちが関わる自然環境や社会環境の分野と、それらの対象となる事象について示したものです[20]。自然環境（自然事象と同様の意味）の分野を、「ものの存在」「ものの働き」「概念」に分類しています。

　「ものの存在」については、遊びや生活をする中で「生きているもの（生物）」との関わりを通して、動植物であること、生きていること、それらには様々な姿や行動があること、形態や生態があることなどを学んでいきます。また「大地とそれをとりまくもの（自然物と自然現象）」については、土地、大地、

表4−2　幼児期の子どもたちの関わる自然環境と社会環境の分野

自然環境	ものの存在	1．生きているもの（生物） 　　植物と動物 　　生きているということ 　　さまざまな姿と行動 　　さまざまな生活
		2．大地とそれをとりまくもの（自然物と自然現象） 　　土、石、山、水、雨、川、海、太陽、月、空気など 　　ものの形と働き
	ものの働き	3．ものの働きとエネルギー（物理・科学） 　　運動、熱、光、音、電気、色彩など 　　ものの性質 　　もののあらわれとつながり（変化） 　　ものの働き
		4．作る活動 　　手と道具 　　于の働きと道具の働き 　　作る目当てと作る手順 　　そこに働く法則
	概念	5．標識、記号の概念 　　標識、記号、文字
		6．数量、図形、時間などの概念形成 　　数量の概念：集合、順序数 　　図形の概念：平面、立体 　　時間の概念：時刻、時間、速度 　　空間の概念：位置
社会環境	人間のしくみと関わり	1．作り育てる、造る、捕まえる（生産） 　　育 て る：農業、林業、畜産業、養殖業など 　　造　　る：工場など 　　捕まえる：漁業など
		2．売る、買う、移動する（売買、流通） 　　売っているところ：お店、スーパー、デパートなど 　　生産しているところから売るところへ移動する：運送トラックなど
		3．運ぶ知らせる（輸送通信） 　　人や物を運ぶ：鉄道、自動車、飛行機、船など 　　知らせる：郵便、電話、放送など
		4．守る（保安、保健） 　　安全を守る：警察、消防、自衛隊など 　　健康を守る：保健所、病院など
		5．教え育てる（教育） 　　いろいろな教育：保育所、幼稚園、小学校など
		6．楽しむ（娯楽） 　　いろいろな遊び：遊園地、動物園、公園など
	人間として生きる　心としくみ	7．家族として生きる（家庭） 　　父、母、兄弟、姉妹、祖父、祖母など
		8．住民として生きる（地域社会から世界へ） 　　市町村民から国民へ、そして地球市民へ 　　町のマーク、国旗や国歌など
		9．人としての生き方を生きる（宗教） 　　寺、神社、教会など

出典：大澤力編『体験・実践・事例に基づく保育内容「環境」』保育出版社　2008 年をもとに筆者作成

地球、宇宙といった視点から自然界に存在する森羅万象や自然の営みなどに出合い、関わりを通してそれらを学んでいきます。

　「もののはたらき」については、「ものの働きとエネルギー」に関する体験を通して、ものの性質や変化、働きについて学びます。これらは将来において物理や化学などの分野につながる可能性をもつものと考えられます。また、「作る活動」により手と道具、さらにそれらの働き、構想・発想・作成という「作る」行為の手順や行為に関する種々の規則・法則などについて学んでいきます。

　「概念」については、「標識・記号の概念」を身近にある「標識・記号・文字」との関わりを通して、その役割や意味などについて学んでいきます。ここに示される「文字」は、言葉の領域に示される文字とは異なり、あくまでもシンボルとしての記号的意味での文字のことです。また、「数量・図形・時間などの概念形成」も、日常の遊びや生活を通して幼児期にふさわしいものとして感覚的・経験的に「数量・図形・時間・空間」に関する概念の基盤を形成していきます。

（2）社会環境との関わりから

　社会環境（社会事象と同様の意味）では、その分野を「人間の生活のしくみと関わり」「人間として生きる心としくみ」に分類しています。

① 「人間の生活のしくみと関わり」

　「人間の生活のしくみと関わり」の分野は、まず「作り育てる、造る、捕まえる」といった生産活動について、農林畜産業などとの関わりを通して「育てる」ということ、工場や店などでの生産活動を通して「造る」、漁業などを通して「捕まえる」ということを学んでいきます。次に、「売る、買う、

畑も立派な教材

移動する」という売買や流通については、日々利用する小売店やスーパーなどで「売っているところ」を、そこに物品が納入される場面に遭遇することで「生産しているところから売っているところへ移動する」ことや、トラックなどで輸送されるしくみにも気付いていきます。

　ものや人を「運ぶ、知らせる」という輸送や通信については、子どもに興味深い鉄道（新幹線など）や自動車、飛行機などによる「人や物を運ぶ」役割やしくみ、視聴するテレビや周囲の大人が使用するスマホ、手紙や年賀状、

カードなどのやり取りから「知らせる」ことの意味やしくみについても理解していきます。さらに、「守る」については、保安という面から、子どもが憧れ交通安全指導や避難訓練で関わりのある警察官やパトカー、消防士や消防車など、また、テレビで目にする災害救援に当たる自衛官の姿などから「安全を守る」人々やしくみについて知り、病気やけがをした時や検診などに関わる医師や看護師、病院、保健所などの「健康を守る」役割と意味について理解していきます。

　ほかにも、「教え育てる」という教育や保育の意味やしくみを、子ども自身が通っている幼稚園や保育所等、連携やきょうだいの通う他校種から「いろいろな教育」の存在とそのしくみについて学びます。「楽しむ」については、子どもの好きなアミューズメントパークや映画館などの娯楽施設での体験を通して、「いろいろな遊び」や遊び場があり、それらの意味としくみについて理解していきます。

②「人間として生きる心としくみ」

　もう一つの社会的環境の分野として「人間として生きる心としくみ」があります。人間ならではの生活の単位として、家庭における父母やきょうだい、最近核家族化により同居が減少している祖父母などとの生活や関係から「家族として生きる」ことを学びます。家庭によっては親戚などもそこに含まれていきます。また、「住民として生きる」については、幼児期には理解しにくいことですが、自分の住む「ご近所」からはじまり地域社会、国、世界へと拡がり、地域の一員から市町村民へ、国民、地球市民であることに気づき、それらを善き市民や国民、地球家族としてよい方向に育てていくことが求められます。最近では、総合的な学習の時間でもそれらを積極的に進めていく取り組みがなされるようになっています。

　最後に「人としての生き方を生きる」ですが、これについては教育や保育の全体を通して培い、育んでいくべきテーマです。園の設置者が宗教法人等である場合もありますが、これはそうした宗教に限ったことではありません。育てていくべき資質や能力の中にも位置づけられる「学びに向かう力、人間性等」にもつながるものです。幼児期の道徳性の芽生えに配慮し、具体的・直接的な体験を重視しつつ、「価値」の形成を図っていく必要があります。

　ここで示した自然環境・社会環境との関わりの中で子どもが育み培っていく分野は、ほんの一部でしかありません。実際にはさらに多くの分野の力が育っていきます。また、ここに示された分野は、小学校以降の教育、教科などに直線的につながるものばかりではありません。それらは相互に関連し

合って以降の生活や学びの基盤となります。子どもは遊びや生活を通して生きる力の基礎を身に付けていくことが目指されますが、何をどう身に付けていくのかについては曖昧な部分が多いと思われます。保育者は教育や保育の責任性として、さらに確かな育ちや学びを保育において保障するためにそれらを明確化する必要があります。

世代を超えて文化は受け継がれていきます

第4節　身近な人などの環境と関わり、文化の創造者として育つ子ども

1. 社会的存在として、文化の中で生きる

　ここでは、子どもの身近な環境の中でも、とくに周囲の人的環境との関わりや、文化との関わりの中で生きていくことの意味について述べていきます。

　人的環境とは、子どもの生活で関わりのある人々のことを指します。保育者など園に勤める人々をはじめ、周囲の子どもや園に出入りする保護者、宅急便の配送員や郵便局の配達員、地域交流で関わる人々、幼小連携に関係する人々など、非常に多くの人々と関わります。それらの関わりから、異なった関係性や事柄などを学び、成果として共存・共生などのよさと生涯にわたりより善き存在として生きる動機となる態度を培い、方法を学んでいきます。

　文化とは「ある社会の一員としての人間によって獲得された知識・信仰・芸術・道徳・法およびその他の能力や習慣を含む複合体」[21]と定義されます。つまり、人間が社会的関係や営みの中で生き、何かを行い、生み出し、生み出されていく所産のすべてと考えることができます。今日を生きるすべての人間は、これまでの歴史的経過の中で生み出された文化の上に存在しています。人間が生きてきた歴史だけ文化が生み出され、今後も存在する限りにおいてさらに文化は生み出され続けていきます。子どもは、そうした中で生き、これまでの遙かなる歴史の間に直接・間接に生み出されてきた膨大な文化を受け継ぐ継承者であり、やがて後の世代に託しつなげていく文化の伝達者・創造者、再構築者となっていきます。

2. 「生きること」を学び伝える作用としての教育・保育

デューイ（Dewey, J.）*3は、子どもが周囲の人やものと関わり「生きる」ことこそが、自らが環境へ働きかけ自己を更新していく過程であり、教育はその直接的・具体的な手段を与えるものとしています22)。つまり、すべての教育は、社会的関係の下で生活していく過程で、環境である多様な人やものなどと関わり、社会の好ましい担い手となるために生涯にわたり学び成長していく過程と解釈できます。

幼稚園や保育所、認定こども園なども子どもが生活経験の中で多様な自然的・社会的事象と関わり、生きてきたこと（過去）や生きていること（現在）、生きていくこと（未来）を学ぶ大切な場所です。つまり、子どもは、様々な時・場所・内容などから文化の創造者、継承者、再構築者として、生涯学ぶ存在としてとらえることができます。

したがって、保育や教育の価値は、子どもにどこまで生涯を通した成長・発達への欲求を生み出し、それを有効に価値づけるための手段や内容を実際に提供できるかにあります。それは、文化の担い手に必要な内容や方法を踏まえ、子どもに学びへの内発的な動機をもたらし、それを具現化するための手段を提供できるかということです。園での学びは、環境との関わりである生活体験を重視する中で、生きて働く資質・能力として構築されるべきと考えられます。

3. コミュニケーションとしての教育

デューイは、社会という共同体では、共生に必要な共通項（手段）を伝達するに止まらず、その過程で人間の存在意義や絆、道徳的・哲学的・宗教的・思想的な理念に至るまでがコミュニケーションによって共有されるとしています。広い意味で教育も生き方を伝えるコミュニケーション行為ととらえることができます。

こうした考え方から保育や教育を見直すと、幼児教育や保育の基本が周囲の環境との関わり（コミュニケーション）に依拠していることと共通点があることに気づきます。幼児教育や保育は、単に知識や技能の基礎の習得のみならず、周囲の人やものとの関わりから得られたことを、自らの資質・能力としていくことがねらいとされます。ここで得られるものは、学ぶ喜びや楽しさ、学び方、そして個の存在価値をふまえた集団への帰属意識、道徳性の芽生えなどを基盤とした、まさに「知識や技能の基礎」「思考力、判断力、表現力等の基礎」「学びに向かう力、人間性等」と言えます。

4. 持続可能な社会をめざした保育の模索 　―世界に広がる SDGs―

　保育や教育と文化について述べてきましたが、文化とは人間たちの営みの中で生まれ、受け継がれてきた社会的なすべての存在と考えられます。つまり、今日あるすべての文化は、人類がいつの日か生み出し、受け継がれてきたものです。それらはよいものもあるし、そうでないものもあります。また、何かが消え、その代わりに生まれた新たなものもあります。

　最近、「持続可能な社会」という言葉を頻繁に見聞きするようになりました。それは、自然や社会における大きな変化は、このまま人々の意識や社会の状況が変わらなければ、好ましからぬ方向に進んでいくことへの危機感の現れです。つまり、このままでいくとすべての人が人間として豊かに、幸せに、安心して生きていくことのできる生活が実現できなくなるということへの警鐘です。

　そうした状況を受けて、「ＳＤＧｓ」という運動目標があります。これは「Sustainable Development Goals（持続可能な開発目標）」の略称で、2015 年国連で開催されたサミットで採択された「持続可能な開発のための 2030 アジェンダ」の中核となる国際社会共通の目標のことです。

次のページに SDGs の一覧があるよ。

　2015 年から 2030 年までの長期的な開発の指針であり、「誰ひとり取り残さない」ことをめざして、「先進国と途上国が一丸となって達成すべき目標」としているのが特徴です。この取り組みにさらに期待されることは、示された個々の課題が根っこでつながり合っていることを気づかせ、総合的な取り組みとして結びつけていく点にあります。課題の解決にむけて SDGs が共通の言語となり、立場の違いを乗り越え対話とパートナーシップを促すツールとなるよう進められています。

　SDGs で示された 17 の目標は、自然環境、貧困や飢餓、教育や医療、働きがいや経済成長、気候変動、ジェンダー、平和や公正などに至るまで、今日あるいは近未来の世界が抱える課題を包括的に掲げたものです[23]。SDGs の17 の目標は、3 層からなり、「生物圏」（目標 6・13・14・15）が土台となり、それらに「社会」（目標 1・2・3・4・5・7・11・16）と「経済」（目標 8・9・10・12）が乗る形となっています。つまり「生物圏」において人類が安全に暮らせる土台が整わなければ、「社会」や「経済」の課題は克服できないというのです[24]。

　SDGs の背景にある課題は、これまで人間の営み、築いてきた文化と大きく関係しています。昨今の自然や社会の状況から、すでに後戻りのできない状況に近づいていると訴える人たちもいます。切羽詰まった状況の中で目標の達成は容易なことではありませんが、一人でも多くの人々が問題意識をも

 1日1.25ドル未満で生活する極度の貧困をなくす／自国で定義する貧困を半分に減らす

 すべての人が一年中安全で栄養のある食料を得られるようにする／農業を持続可能にする

 妊産婦や新生児、5才以下の死亡率を減らす／質の高い保健サービスへのアクセス

 すべての子どもが無償で質の高い初等・中等教育を修了できるようにする／高等教育への平等なアクセス

 女性と少女への差別と暴力をなくす／政治、経済、公共分野で女性のリーダーシップの機会を確保する

 すべての人が安全で安価な飲料水を得られるようにする／水に関連する生態系を保護、回復する

 再生可能エネルギーの割合を大幅に拡大させる

 すべての人に人間らしい仕事と同一賃金を達成する／持続可能な観光業を促進する

 イノベーションと研究開発を促進し、強靭なインフラづくりを進める

 各国の下位40％の人々の所得増加率が国内平均を上回るようにする／政策で機会均等を確保し、成果の不平等を是正する

 災害による被災者を大幅に削減し、経済損失を減らす／安全で包括的な都市をつくる

 1人あたりの食料の廃棄を半分に減らす／廃棄物の発生を大幅に減らす

 気候変動の緩和と適応に向けた能力を強化する

 海洋汚染を防止する／漁獲を効果的に規制し、破壊的な農業慣行をなくす

 生態系を守り、生物多様性の損失を阻止し、新たな森林を大幅に増やす

 すべての形態の暴力と暴力に関連する死亡率を減少させる／情報へのアクセスと基本的自由を保護する

 先進国は国民総所得比0.7％の資金を途上国支援に向ける／官民協力を進める

SUSTAINABLE
DEVELOPMENT
GOALS

2030年に向けて
世界が合意した
「持続可能な開発目標」です

図4-4　SDGs（エスディージーズ）に向けた取り組みの内容

出典：朝日新聞『2030　SDGsで変える』2019年　pp.4-5

ち、些細なことからでも実際に、着実に生活のなかで取り組んでいくことで確実に達成に向かっていくはずです。そのためには、幼少期から環境との関わりを通して、身近な様々な環境に気づき、その意味を知り、その中で生かされていることを感じ、さらに可能な範囲でそれらに関わる課題についても理解し、解決に向けて自らの生活などに関連づけ反映させていくための力を培っていくことが求められます。明るい未来に向けて、「まだ幼児だから」ではなく「幼児のうちから」はじめ、すべての人々が意識をもって取り組んでいける動きとなることに期待します。

演習課題

①まとめの演習課題

　幼小連携におけるスタートカリキュラムを入手して、接続教育の内容（時期、対象、ねらい）などについて整理してみましょう。

②発展的な演習課題

　SDGs（エスディージーズ）についてさらに理解を深め、実施されている取り組みについてグループで調べ学習を行いましょう。また、自分たちが日常的に取り組めることについて考え、さらに幼児からできる取り組みについて話し合ってみましょう。

【引用文献】
1）ポール・ラングラン（波多野完治訳）『生涯教育入門』第一部　財団法人全日本社会教育連合会　1990年
2）倉橋惣三『幼稚園真諦』〈倉橋惣三文庫〉　フレーベル館　2008年
3）横井滋子「幼小連携における『接続期』の創造と展開」『お茶の水女子大学　子ども発達研究センター紀要』4　2007年　pp.45-52
4）国立教育政策研究所「幼小接続の育ち・学びと幼児教育の質に関する研究〈報告書〉」2017年
5）文部省『幼稚園教育要領』フレーベル館　1998年
6）文部科学省『幼稚園教育要領解説』フレーベル館　2008年　p.267
7）文部科学省『幼稚園教育要領解説』フレーベル館　2018年　p.292
8）同上書　p.292
9）三宅茂夫編『新・保育原理　第4版』みらい　p.203
10）文部科学省『小学校学習指導要領解説　生活編』東洋館出版社　2008年　p.8
11）木村吉彦『「スタートカリキュラム」のすべて』2010年
12）文部科学省『小学校学習指導要領解説　生活編』2017年
13）国立教育政策研究所教育課程センター「スタートカリキュラムの編成の仕方・進め方が分かる　～学びの芽生えから自覚的な学びへ～」2015年
14）文部科学省『小学校学習指導要領解説　総則編』2017年

15）中央教育審議会初等中等教育分科会教育課程部会「生活・総合的な学習の時間ワーキンググループ資料 2-2」2016 年

16）国立教育政策研究所教育課程研究センター編「発達や学びをつなぐスタートカリキュラム」2018 年

17）文部科学省『幼稚園教育要領解説』2017 年

18）大澤力編『体験・実践・事例に基づく保育内容「環境」』保育出版社　2008 年

19）幼児期の教育と小学校教育の円滑な接続の在り方に関する調査研究協力者会議『幼児期の教育と小学校教育の円滑な接続の在り方について（報告）』2010 年

20）前掲書 18）

21）濱嶋朗・竹内郁郎・石川晃弘編『社会学小辞典』有斐閣　1997 年　pp.545-546

22）デューイ著、松野安男訳『民主主義と教育』岩波書店　1975 年

23）朝日新聞『2030 SDGs で変える』2019 年　pp.4-5

24）同上書　p.19

【第２部　保育内容「環境」の指導法】

―子どもから考える・子どものために考える―

第5章 保育所保育指針、幼稚園教育要領、幼保連携型認定こども園教育・保育要領における領域「環境」

●はじめのQ

　環境とは身の回りにあるものです。では、その環境を保育においてどうとらえるべきでしょうか。たとえば下のようなケースではあなたはどう判断しますか。考えてみましょう（考える時間の目安：3分）。

 エピソード（1）　雪が降る日の保育をどうしようか（3歳児クラス／12月）

　ゆうべから降り始めた雪が朝には積もっていました。登園した子どもたちは次々と園庭に出て、雪だるまを作ったり雪合戦をしたりしています。ですが、ミカ先生は今日の活動について悩んでいます。

　「今日はお遊戯会の練習の日だったんだよなぁ」。お遊戯会の練習はスケジュール通りにやりたい。しかし、今しかない「雪」という環境に子どもたちにたくさん触れてほしい気持ちもあります。

●本章の学びのめあて

　エピソード（1）のようなケースで保育者は予定を変更すべきでしょうか。それは、保育の中で何を優先するかという自身の保育観との葛藤になります。単に「せっかくの雪だから」ではなく、ここで雪遊びをすることが子どもにとってどういう意味があるのか、お遊戯会は子どものどのような成長につながるのか、という問いです。子どもの姿からはじまる保育の考え方を、保育所保育指針等をひもときながら学びましょう。

第1節　乳児保育の3つの視点と「環境」

　はじめに、乳児の保育と環境との関わりを見ていきましょう。乳児期の子どもにとっては感情や事象、自己と他者の区別などがまだ曖昧な状態です。そのため、保育内容も5つの領域に分けられるほどはっきりしたものとはなりません。そこで、0歳児の保育のねらいと内容は5領域ではなく、「健やかに伸び伸びと育つ」「身近な人と気持ちが通じ合う」「身近なものと関わり感性が育つ」という3つの視点として示されています（図5-1）。

　3つの視点は互いに重なり合い、影響し合いながらそれぞれの側面が育っていくものです。そして、それらの育ちがやがて5領域の学びへとつながっていきます。それぞれの視点が保育の環境とどのように関連付けられるのか、エピソードと共に見ていきましょう。

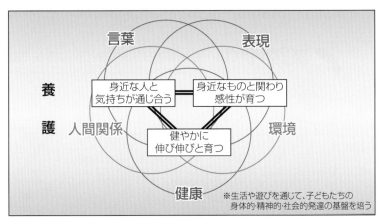

図5-1　3つの視点と5領域

出典：厚生労働省「保育所保育指針の改定に関する議論の取りまとめ」2016年12月21日

保育所保育指針

第2章 保育の内容　1　乳児保育に関わるねらい及び内容

ア　健やかに伸び伸びと育つ

　健康な心と体を育て、自ら健康で安全な生活をつくり出す力の基盤を培う。

（ア）ねらい

①身体感覚が育ち、快適な環境に心地よさを感じる。

②伸び伸びと体を動かし、はう、歩くなどの運動をしようとする。

③食事、睡眠等の生活のリズムの感覚が芽生える。

（イ）内容

①保育士等の愛情豊かな受容の下で、生理的・心理的欲求を満たし、心地よく生活をする。

---

②一人一人の発育に応じて、はう、立つ、歩くなど、十分に体を動かす。

③個人差に応じて授乳を行い、離乳を進めていく中で、様々な食品に少しずつ慣れ、食べることを楽しむ。

④一人一人の生活のリズムに応じて、安全な環境の下で十分に午睡をする。

⑤おむつ交換や衣服の着脱などを通じて、清潔になることの心地よさを感じる。

イ 身近な人と気持ちが通じ合う

受容的・応答的な関わりの下で、何かを伝えようとする意欲や身近な大人との信頼関係を育て、人と関わる力の基盤を培う。

（ア）ねらい

①安心できる関係の下で、身近な人と共に過ごす喜びを感じる。

②体の動きや表情、発声等により、保育士等と気持ちを通わせようとする。

③身近な人と親しみ、関わりを深め、愛情や信頼感が芽生える。

（イ）内容

①子どもからの働きかけを踏まえた、応答的な触れ合いや言葉がけによって、欲求が満たされ、安定感をもって過ごす。

②体の動きや表情、発声、喃語等を優しく受け止めてもらい、保育士等とのやり取りを楽しむ。

③生活や遊びの中で、自分の身近な人の存在に気付き、親しみの気持ちを表す。

④保育士等による語りかけや歌いかけ、発声や喃語等への応答を通じて、言葉の理解や発語の意欲が育つ。

⑤温かく、受容的な関わりを通じて、自分を肯定する気持ちが芽生える。

ウ 身近なものと関わり感性が育つ

身近な環境に興味や好奇心をもって関わり、感じたことや考えたことを表現する力の基盤を培う。

（ア）ねらい

①身の回りのものに親しみ、様々なものに興味や関心をもつ。

②見る、触れる、探索するなど、身近な環境に自分から関わろうとする。

③身体の諸感覚による認識が豊かになり、表情や手足、体の動き等で表現する。

（イ）内容

①身近な生活用具、玩具や絵本などが用意された中で、身の回りのものに対する興味や好奇心をもつ。

②生活や遊びの中で様々なものに触れ、音、形、色、手触りなどに気付き、感覚の働きを豊かにする。

③保育士等と一緒に様々な色彩や形のものや絵本などを見る。

④玩具や身の回りのものを、つまむ、つかむ、たたく、引っ張るなど、手や指を使って遊ぶ。

⑤保育士等のあやし遊びに機嫌よく応じたり、歌やリズムに合わせて手足や体を動かして楽しんだりする。

1. 身近なものと関わり感性を育てる物的環境 ―主体性を育てるために―

　乳児の３つの視点の中で、最も領域「環境」と関わりが深いのがこの「身近なものと関わり感性が育つ」という視点です。次のエピソード（2）を読み、物的環境と保育者の役割を見ていきましょう。

エピソード（2）　おもちゃとの関わりを作っていく（0歳11か月／7月）

　お座りしているセイヤくんが鈴の入った布製のボールを指さして、ヨシキ先生の顔を見つめ「アーウ」と言いました。ヨシキ先生は「ボールほしいの？どうぞ」と言って、セイヤくんの方にボールを転がします。セイヤくんはボールを取ろうとしましたがうまくつかめず、ボールは「リンリン」と音を立てながら転がっていきます。セイヤくんがハイハイで追いかけるとボールは壁にぶつかって跳ね返ってきました。セイヤくんはボールをつかむと口に持っていって、なめはじめました。

（1）物的環境をデザインする

　保育者は子どもの興味や関心を引き出すべく、保育室のどこに何を置くかを考えていきます。このエピソードでは「鈴の入った布製のボール」がセイヤくんの興味を引き出しています。

　転がったり揺れたりして動きがあるもの、鈴やガラガラなどの音がするもの、布やプラスチック、木など硬さや滑らかさの違う素材でできたもの、いろいろな色でできたものなど子どもの五感を刺激するようなおもちゃを保育室に置きま

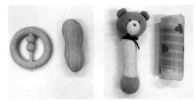

木、プラスチック、布、紙（手作り）と様々な素材のガラガラ

しょう。子どもの発達に応じて、つまんだり引っ張ったりするおもちゃも加えます。そこから子どもとものの関わりが生まれ、子どもはものを使うことでものの性質や使い方を知っていきます。

（2）主体性を引き出す関わり

　保育室に様々なおもちゃを用意したとして、そのおもちゃをどう使うかは子ども達自身にかかっています。0歳の子どもはまだ言葉をつかって会話をすることは難しいですが、目線や動作、喃語などを通して身近な大人にメッ

3. 健やかに伸び伸び育つための環境 —健康と安全のために—

✒ エピソード (4) ブロックが出しっぱなし（0歳8か月／6月）

　A保育所では夕方18時以降になると、延長保育にかかっている全年齢の子どもが3歳児の保育室に集まって過ごします。乳児のユウナちゃんは、今日も担任のカオリ先生に抱っこされて3歳児保育室に来ました。ユウナちゃんは抱っこから降りると、床に落ちていたブロックを口に入れてしまいました。「わあっ、ダメ！」カオリ先生は慌てて、ユウナちゃんの口に指を入れて、ブロックをかき出しました。ユウナちゃんはびっくりして泣いています。

　乳児は危険なものと安全なものを自分で判断することはできません。そのため、子どもたちが健やかに育つためには、大人が危険なものを遠ざける必要があります。このエピソード（4）では、子どもが口に入れてすぐに気づいたので助けることはできましたが、ユウナちゃんの気持ちは崩れてしまいましたね。口に入るような小さなおもちゃを先に片づけておけば、ここで介入する必要はなかったはずです。乳児にとって安全な保育環境を作っておくことで、子どもの行動を保育者が妨げる機会が減り、子どもはより自由に遊ぶことができるようになるのです。

4. まとめ —乳児の理解と環境—

　ここまで領域「環境」と乳児保育の3つの視点の関係を見てきました。実習などにおいて言葉を話せない乳児との関わりに最初は戸惑う学生も多いです。しかし、乳児も言葉とは違う形で気持ちを発信しています。気持ちを読み取り理解していくことで、良い環境づくりをしていきましょう。

第2節　1歳以上3歳未満児の領域「環境」

1. 子どもの発達を理解し遊びのきっかけとなる環境（1歳児の姿）

　入園間もない0歳児や1歳児も、年度末になると園生活に慣れ、自分の好きな玩具や遊びを保育者と楽しむ姿が見られます。

　次に紹介するエピソード（5）は、初めて触れるパン生地を前に保育者の思いと子どもの思いのずれからスタートします。パン生地を前に動かなくなる子、おそるおそる触わる子と様々でした。子どもはまず気持ちでものと出会い、感覚でものをとらえます。やがて、保育者や友達の楽しそうな声やしぐさに後押しされて、ものに手を伸ばして触れるようになります。こうして、ものは子どもの手を通して新たな形へ変化していきます。

エピソード (5)　見る、聞く、触れる、かぐ〜探索活動等の大切さ
　　　　　　　　　（1歳〜1歳9か月　0・1歳児クラス／2月）

　　初めてのパン生地あそびを計画したアキ先生。きっと子どもたちが喜んで遊ぶだろうと楽しみにしていました。ところが、いざはじまり、「アンパンマンの顔を作ろう」と語りかけても、なかなか子どもたちはパン生地に触わりません。見ているだけの子、中には顔を背ける子まで……。

　　そこで先輩保育者と相談し、翌日は子どもの好きなままごとの包丁やまな板、フォーク等を用意しました。さらにアキ先生自らが、パン生地のにおいをかぎ、子どもに語りかけてみました。すると、写真の子どものように、保育者をまねてにおいをかぎ、不思議そうな顔をしています。

　　保育者がちぎる、丸める、伸ばす指先を見て、「大きい、小さい」と言いながらおだんごを丸めて並べる子どもの姿も見られるようになりました。その姿を見て、昨日は全く関心を示さなかった男の子が、スプーンに丸めたお団子をのせ、自分の着ているトレーナーの模様のトラに「あーん」と言って食べさせる遊びがはじまりました。

パン生地のにおいをかぐ

おそるおそる指でつまむ

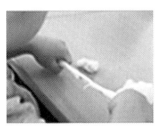

両手で伸ばす

ちぎる、丸める

パン生地でままごと

「あーん」とトラに食べさせる

　はじめは思うような保育になりませんでしたが、２日目は感触を十分に楽しみ、見立て遊びへと段階を経て、形を作る遊びへ変化する子どもの姿が見られました。初日にいきなり形づくりを求めた保育者が、１歳児の発達をあらためて見直すことによって、遊びのきっかけとなる環境を再構成した意味は大きいと言えるでしょう。

　１歳〜１歳半頃の子どもたちの発達は、月齢により個人差はありますが、手足を使う身体的機能の発達と共に、一人歩きをはじめたり、指先でものをつかんだりする姿が見られるようになります。言語も発達します。「ダアダア」といった喃語から、意味のある単語（例「マンマ」）を話すようになり、２歳近くになると二語文（例「ママ、きて」）などが話せるようになります。

　この時期の子どもは、どのように環境に関わるのでしょうか。園では、保育者のかたわらで楽しそうな声を聞き、友達のうれしそうな表情を見ながら、ものと出会い、手で触れて試行錯誤する姿が見られます。指に触れる感触やにおい、視覚から興味・関心を持ちます。「もの」や「こと」に出会うにあたり、月齢が低い子どもほど大人によるきっかけづくりが大切になります。保育者は、一人一人の思いを受け止め、発達を理解し、準備をします。

2. ねらいと内容

　保育所保育指針と幼保連携型認定こども園教育・保育要領の「１歳以上３

歳未満児の保育に関わるねらい及び内容」では、領域「環境」について以下のように記述されています[1]。

保育所保育指針

第2章　保育の内容

2　1歳以上3歳未満児の保育に関わるねらい及び内容

環境

　周囲の様々な環境に好奇心や探究心をもって関わり、それらを生活に取り入れていこうとする力を養う。

（ア）ねらい

①身近な環境に親しみ、触れ合う中で、様々なものに興味や関心をもつ。

②様々なものに関わる中で、発見を楽しんだり、考えたりしようとする。

③見る、聞く、触るなどの経験を通して、感覚の働きを豊かにする。

（イ）内容

①安全で活動しやすい環境での探索活動等を通して、見る、聞く、触れる、嗅ぐ、味わうなどの感覚の働きを豊かにする。

②玩具、絵本、遊具などに興味をもち、それらを使った遊びを楽しむ。

③身の回りの物に触れる中で、形、色、大きさ、量などの物の性質や仕組みに気付く。

④自分の物と人の物の区別や、場所的感覚など、環境を捉える感覚が育つ。

⑤身近な生き物に気付き、親しみをもつ。

⑥近隣の生活や季節の行事などに興味や関心をもつ。

　2018年3月に示された保育所保育指針解説では、1歳以上3歳未満児保育について、「この時期の子どもが、生活や遊びの様々な場面で主体的に周囲の人やものに興味をもち、直接関わっていこうとする姿は、『学びの芽生え』といえるものであり、生涯の学びの出発点にも結び付くものである。こうしたことを踏まえ、3歳未満児の保育の意義をより明確化し、その内容について一層の充実を図った[2]」と説明されています。

　エピソード（5）の保育者は、子どもの気持ちを察知し、子どもが安定し五感を十分使い活動できるようにねらいを考え、子どもの成長にふさわしい環境を再構成し、ままごと等の物的環境を準備しました。さらに、保育者も「わぁ、おもしろいね」と子どもと共にパン生地に親しみ、思いが共有できる温かな雰囲気を作るよう人的環境の観点にも配慮しています。そのことによって、2日目には遊びが広がっていきました。

③. 環境の意味と構成

　保育者が環境をどのように構成するかによって、子どもの遊ぶ意欲は変わりますし、子どもとものとの関わりも変化します。かたわらで見ている保育者が応答的に関われば、子どもは安心して新しいものに触れやすくなります。そして、ものを通して周りの子どもと出会っていくようになります。

　ものと子どもとの関係だけでは遊びが深まらない場合も、保育者が一緒に遊ぶことで「おもしろそう」「やってみたい」という意欲が生まれます。右の写真は、保育者の手元から絞りだされたパン生地に興味を持ち、まねをする女児の姿です。絞りだされたキノコのような形に関心を持ち、思わず

保育者の手本を見てまねる

先生のまねをしました。形を変えるパン生地の不思議さから、次々と子どものお試し行動が広がります。

　指と指の間からパン生地が勢い良く膨らむ感触の楽しさに、口々に「ぶにゅ」と擬音を発し、何かに見立てた遊びがはじまりました。大好きな保育者と一緒の活動は、単純な遊びも魅力的になるのでしょう。子どもに寄り添う保育者は、環境の一部であり、子どもが開放的に自分を表現する雰囲気を醸し出します。このように、人と関わる豊かな活動へと深まる場面では、保育者が人的環境として大きな意味をなしていると言えるでしょう。

④. まとめ

　五感を刺激する魅力的な環境と、「もの」と「ことば」と「人」をつなぐ保育者の応答的で温かい関わりがあると、子どもは安心して自ら環境に働きかけるようになります。注意点として、この時期の子どもは、保育者の予想以上に小さな玩具や素材、材料をなめたり、口に含んだまま歩いたりすることがあります。安全を第一に考え、危険予測・回避に配慮した環境構成が事故を防ぐためにも必要です。

第3節　3歳以上児の領域「環境」

1. 自然環境と子どもの関わり

　保育所保育指針、幼稚園教育要領、幼保連携型認定こども園教育・保育要領のいずれも、3歳以上児の環境のねらいの中に身近な環境として自然との関わりについて記載しています。これは「10の姿」の1つである「自然との関わり・生命尊重」につながる内容です。

　そこで本節では、自然いっぱいの森の中で、大きな岩と遊ぶ子どものエピソード（6）を例にあげます。体当たりで岩に登ろうとチャレンジする子、それを遠くから見ている子。関心がない様子で砂の中のガラスを探す子、自然の中で何をしていいのか戸惑う子などと、森の中で様々な子どもの思いが交錯します。エピソード（6）の子どもの姿から、集中して遊ぶ環境や、自らが意欲的に自然と関わるためのきっかけなどについて考えていきましょう。

エピソード（6）　楽しくない森から楽しい森へ（5歳児／7月）

　森あそびの初日、自然の中で遊んだことがほとんどないユウマくんは、「森は楽しくない」と話しています。遊具も玩具もない森でどう遊んでよいかわからない様子です。

　1日目も2日目も気が進まず、リュックを置いて遊び出すまでに長い時間がか

森の中の大きな岩登り

かっています。2日目、友達の歓声に誘われてユウマくんは「岩登り」に挑戦しました。大きな岩を前に手も足も出ず、滑っては落ち、滑っては落ち……。「いいこと考えた！」と、軍手をはめて登ろうと考えますが、余計に滑って登ることができません。

　岩と格闘しながら、友達が登る姿をじっと観察しているうちに、岩と岩の間に足を入れると登りやすいことにユウマくんは気付きます。どこに手足を置くとよいかを発見し、何とか岩に登ることができました。さらに、下りるときは手足を使うより、お尻で滑り下りると楽しいと気付いたユウマくん。とてもうれしそうです。自分でできた喜びは、登ることをためらうミズキちゃんに登るコツを伝える姿へと変化していきました。つまらない森が楽しい森へと変化した瞬間です。ユウマくんの表情は笑顔と自分でできたという自信に満ちあふれていました。

なかなか遊びださない子どももいます

「わー、大きな岩！」

「楽しくない森」が少しずつ変化

やがて「岩に登れた楽しい森」へ

　岩と格闘する子どもらは、自分の手足を頼りに跳んだり跳ねたり、助走して岩にしがみつくなど、岩に登るために様々な試行錯誤を繰り返します。ユウマくんのように登るコツを自分で発見する子どももいましたが、登れない子どものお尻を下から押しあげて手伝う友達の姿も見られました。友達の力を借りながら、はずみとタイミングをつかみ、岩に登るコツを体で感じる子どももいます。

　ようやく登れた岩の頂上に立つと、今度は下りなければなりません。自分ではじめたことは、最後まで自分の手足を使い、自分で終わらせなければなりません。岩登りでは、子ども自らが選び、自然の岩の形を考え、主体的に遊ぶ子どもの姿が見られました。

　保育者は森の中で遊ぶにあたり、十分な下見を重ね安全に配慮したうえで、指導計画を作成し、保育を実施しています。指導計画では、身近な自然と関わりながら子どもが自ら遊びを作り出すことを「ねらい」としていました。保育者は、安全に注意しながら静かに見守り、絶妙なタイミングでヒントや友達の工夫に気付くきっかけを作っています。さらに仲間との関わりのプロセスを見逃さず、タイミングよく言葉をかけていました。「大きな岩に登りたい」という子どもの意欲から生まれた遊びのおもしろさを奪わず、子どもが主体的に取り組む遊びを、人的環境として支えているのです。

2. ねらいと内容

3歳児以上児の領域「環境」では、ねらいと内容について次のように示されています。

保育所保育指針

第2章　保育の内容

3　3歳以上児の保育に関わるねらい及び内容

環境

（ア）ねらい

①身近な環境に親しみ、自然と触れ合う中で様々な事象に興味や関心をもつ。

②身近な環境に自分から関わり、発見を楽しんだり、考えたりし、それを生活に取り入れようとする。

③身近な事象を見たり、考えたり、扱ったりする中で、物の性質や数量、文字などに対する感覚を豊かにする。

（イ）内容

①自然に触れて生活し、その大きさ、美しさ、不思議さなどに気付く。

②生活の中で、様々な物に触れ、その性質や仕組みに興味や関心をもつ。

③季節により自然や人間の生活に変化のあることに気付く。

④自然などの身近な事象に関心をもち、取り入れて遊ぶ。

⑤身近な動植物に親しみをもって接し、生命の尊さに気付き、いたわったり、大切にしたりする。

⑥日常生活の中で、我が国や地域社会における様々な文化や伝統に親しむ。

⑦身近な物を大切にする。

⑧身近な物や遊具に興味をもって関わり、自分なりに比べたり、関連付けたりしながら考えたり、試したりして工夫して遊ぶ。

⑨日常生活の中で数量や図形などに関心をもつ。

⑩日常生活の中で簡単な標識や文字などに関心をもつ。

⑪生活に関係の深い情報や施設などに興味や関心をもつ。

⑫保育所内外の行事において国旗に親しむ。

　乳幼児期の保育の基本は、「遊びを通して学ぶ」「環境を通した教育」です。子どもはあらゆる場面から学んでいます。エピソード（6）のように、自然の中で直接体験することで自分なりの発見をしたり、夢中で遊ぶ体験から工夫をしたり、仲間と試行錯誤したりする経験はよりよいアイデアを生み出します。仲間と考えを共有することによって、考え方も柔軟になります。

　保育所保育指針、幼稚園教育要領、幼保連携型認定こども園教育・保育要領では、3歳以上の幼児の発達を踏まえて、自然の中で直接体験する意味や

環境構成の意義を次のように明記しています。

保育所保育指針

第2章　保育の内容

3　3歳以上児の保育に関わるねらい及び内容

（ウ）内容の取扱い

②幼児期において自然のもつ意味は大きく、自然の大きさ、美しさ、不思議さなどに<u>直接触れる体験</u>を通して、子どもの心が安らぎ、豊かな感情、好奇心、思考力、表現力の基礎が培われることを踏まえ、子どもが自然との関わりを深めることができるよう工夫すること。　　　　　（下線は筆者）

---

③. 環境の意味と構成

　エピソード（6）の園では、ものがないと遊べない子どもの姿から「ねらい」を立て、保育者が相談・計画し、園庭から近隣の森へ出かけていきました。自然の中で遊ぶ「ねらい」を子ども個々の姿にあわせて、一人一人の最適なタイミングで保育者が関われるように留意しています。

　環境構成というと、保育者が子どもの発達を踏まえてものなどを用意することがすぐに連想されるかもしれません。エピソード（6）のように、玩具や遊具を足すのではなく、自然との関わりを深める工夫も保育者のしかけとして大切です。保育者は環境を見極める人的環境であり、3つの間（空間・時間・人間）をつなげていく存在と言えます。

　本節では自然体験を中心に取り上げましたが、領域「環境」のテーマは多彩です。数量や文字等への興味・関心を育む取り組みや、日本の伝統文化や海外の様々な文化に親しむ機会を、園の環境に取り入れていくことなども求められています。

④. まとめ

　2017年告示の保育所保育指針、幼稚園教育要領、幼保連携型認定こども園教育・保育要領には、「幼児教育を行う施設として共有すべき事項」が設けられました。幼・小・中・高を通して、「主体的・対話的で深い学び」で「資質・能力」を育むことが教育課程で目指されています。幼保連携型認定こども園教育・保育要領の言葉でいえば、"集中して遊ぶ場"を保育者がいかに環境構成するかということです。

子どもたちを取り巻く社会は、これからますます変化していくことが予想されています。未知の課題に対応していく力は、直接体験をもとに自分で選び、自分で自分を成長させていく経験を積み重ねることによって育っていきます。保育者は、援助者として子どもが心を動かされる活動をとらえ、環境を構成し、共感しながら何度も環境を再構成していく必要があります。そのためにも、保育者が環境に対する感性を磨き、研ぎ澄ますことが、子どもの主体的な遊びを支え、保育の質の向上につながると考えます。

演習課題

①まとめの演習課題

1．年齢に応じた発達を踏まえた環境を構成するにあたり、３歳未満の子どもに大切にしたいことは何か話し合ってみましょう。
2．自然の中で子どもが直接体験をして、学ぶことはどのようなことでしょう。レポートにまとめてみましょう。

②発展的な演習課題

1．子どもが集中し、夢中で遊ぶために必要な環境を保育者はどのように構成していくとよいでしょうか。遊びの具体的な場面を設定して話し合ってみましょう。
2．子どもが自然の中で自発的に遊ぶ時に、保育者はどのような危険に配慮し、安全な環境を作り出しているでしょうか。レポートにまとめてみましょう。

【引用文献】
1）厚生労働省編『保育所保育指針』フレーベル館　2018 年
2）厚生労働省編『保育所保育指針解説』フレーベル館　2018 年　p. 4

【参考文献】
文部科学省『幼稚園教育要領』フレーベル館　2018 年
無藤隆『平成 29 年告示幼稚園教育要領保育所保育指針幼保連携型認定こども園教育・保育要領３法令改訂（定）の要点とこれからの保育』チャイルド社　2019 年
汐見稔幸監修『イラストたっぷり　やさしく読み解く　保育所保育指針ハンドブック 2017 年告示版』学研　2017 年
厚生労働省編『保育所保育指針解説』フレーベル館　2018 年
大橋喜美子編『新時代の保育双書　乳児保育　第３版』みらい　2018 年
無藤隆総監修『幼稚園教育要領ハンドブック 2017 告示』学研　2017 年
無藤隆・汐見稔幸編『イラストと事例でわかる保育所の子どもの「学び」まるごとガイド』学陽書房　2019 年

第6章 遊びを豊かにする具体的な保育環境とその活用

●はじめのQ

次のエピソードを読んで、子どもの遊びが豊かになるためには、どのような遊具、玩具・用具などの環境が必要か考えてみましょう（考える時間の目安：3分）。

✎エピソード(1) いらっしゃいませ！（5歳児クラス／7月）

ハルトくんが積み木コーナーに、松ぼっくり・毛糸・洗濯バサミなどをたくさんカゴごと持って来て並べ、「いらっしゃいませ！」とお店屋さんのように声をかけ始めました。

しばらくは誰も行かなかったのですが、近くの机にいたソウタくんとユイちゃんが「ください」と買いに行き、そのままお店屋さんの役になり、ままごとコーナーで遊んでいたアカリちゃんも「入れて」と仲間になりました。担任も呼ばれ、「たこ焼きください」と買いに行くと、ハルトくんが松ぼっくりを容器に入れて「200円です」と手渡してくれました。お金を手渡す真似をすると「はい、おつりです」とアカリちゃんが洗濯バサミのおつりをくれました。

●本章の学びのめあて

エピソードのように、子どもたちはそれまでの経験をもとにイメージし様々な遊びを展開していきます。この章では、子どもの遊びと物的環境、空間的環境などについて具体的に学びます。子どもの豊かな遊びを支えるための環境を構成できる保育者をめざしましょう。

第1節　遊びを豊かにする室内環境

1. 玩具（おもちゃ）

ちなみに、おもちゃの語源やルーツは民俗学者の柳田国男の『こども風土記』（岩波書店）に書いてあります。

　おもちゃの語は「持ちあそぶ」から来ているともいわれ、遊具の中でも主に手を使って遊ぶものを言います。子どもは好奇心を持って遊具や玩具、素材に主体的に関わり、満足するまで遊ぶことを通して自己の世界を拡大させていきます。保育室の玩具を選ぶ際は、主に次の3点を基準にするとよいでしょう。

---

①子どもの発達段階に合っていること
②丈夫で安全性があり、シンプルなデザインであること
③応答性が高く、多様な遊び方ができること

　それぞれのおもちゃについて、以下に詳しく述べていきます。

（1）積み木

　積み木遊びは、イメージしたことを表現する力や、仲間とイメージを共有し共同で創り上げる力を育て、数や立体図形の基本的概念を感覚的に養っていきます。

*1
その積み木の基本となる寸法ことです。5cm、4cm、3.3cm、2.5cmなどがあります。

　積み木は正確に作られ、基尺*1が統一されていることが大切です。0歳児には布製の軽くて安全なもの、おおむね1・2歳頃には木製でつかみやすい大き目のもの（5cm基尺）、3歳以降では少し小さ目のもの（3.3cm基尺）が適しています。4歳以降になり仲間と共同で遊ぶためには、充分

積み木

な量が必要になります。カラフルな積み木は子どもの興味を引きますが、たくさん積み重ねて大作を作る床上積み木の場合には、イメージが広がるように白木の方がよいといえます。積み木遊びの場は、保育室の奥に配置すると出入りの影響を受けず、翌日も継続して遊びやすいでしょう。

（2）ごっこ遊びの玩具

　ごっこ遊びは、子どもが見たり聞いたり経験したりしたことのイメージを再現する遊びです。人形を使った世話遊びや仲間とイメージを共有し役割を分担して行うままごと、お店やさんごっこなど多種多様なものがあります。

ごっこ遊びは想像力を豊かにし、社会性（道徳性を含む）、コミュニケーション能力、言語能力などを高めます。

人形

　人形は、「うれしいね」「かなしいのね」などと子どもが自由に想像力を働かせることができるよう、はっきりした表情のないものがよいでしょう。人として扱い、必ず名前を付け、片づけの際も箱に入れるのではなく、ベッドや椅子などの「居場所」を作ります。

布の天蓋

　ままごとコーナーには布の天蓋があると家らしくなり、安心できる空間となります。人形の他、テーブルや台所セット、食器などを遊ぶ子どもの人数に合わせて用意しましょう。野菜の形そのままの玩具は買い物や調理する遊びには使えますが、料理の食材には適しません。チェーンリング、おはじき、お手玉などの抽象的なものを置いておくと、子どもが自由な発想で見立てやすいでしょう。また、布もあるとエプロンやスカート、スリング（抱っこひも）、風呂敷といったように多用途に使うことができます。

台所セット

具象形態より抽象形態のおもちゃのほうが、子どもの想像力を引き出すにはよさそうですね。

　その他、子どもたちの興味・関心に合わせて、たとえば病院ごっこのナースキャップや聴診器、注射器、包帯などを用意するのもよいでしょう。

（3）手や指を使う遊び、机上遊びの玩具

織り機

　手と目の協応、手先の巧緻性を育てる玩具は、０歳児のガラガラから始まります。その後、「握る」から「つまむ」へと発達に合わせて遊びが広がり、２・３歳以降のひも通し、５歳頃になれば手編みや織り機といった手仕事へと発展し、根気や集中力、達成感などを養います。

　３歳以降になるとパズルやゲームなども置きます。友達とのルールのある遊びを通して「負ける」という負の体験をすることも大切です。ゲームはすごろくのように偶然性で勝つことができるものと、カルタのように記憶力や観察力、反射神経など能力を必要とするものの両方を用意しましょう。

（4）モンテッソーリ教具

イタリアの教育者モンテッソー
リ（Maria Montessori）＊2 は、
幼児期の感覚教育を重視し、その
ための教具を考案しました。代表
的なものに桃色の塔や色板、赤い
棒などがあり、感覚が合理的な方
法で発達するよう導くことができ
るとされています。

モンテッソーリ教具

（5）手づくり玩具・伝承遊びの玩具

保育者が身近なものを使って作る手作り玩
具は、その子どもの発達段階や興味・関心に
きめ細かく合わせることができ、子どもの創
造力を育むことにもつながります。作る際は
「乳児がなめても安全か」など素材選びに気
をつけ、丈夫で安全なものとなるようにしま
しょう。

お手玉とけん玉

コマ、けん玉、お手玉など日本の伝承遊びは技能を必要とするものが多く、
身体能力を高めたり、バランス感覚を身につけたりすることができます。幼
児には難しい高度な技もありますが、子ども間の伝承が困難な今日では、園
が文化を伝える役割を担っています。

保育者自身が子ども
の前でやってみせる
ことができるといい
ですね。

（6）製作遊びの素材

3歳以上児のクラスでは、ごっこ遊びに使う道具などを自分たちで作れる
ように、段ボールや空き箱、空き容器などのリサイクル材や、画用紙、ひも、
毛糸、セロハンテープ、ガムテープなどの素材や道具を、子どもが選んで使
えるように常に用意しておきます。

2. 子どもの文化財

絵本、わらべうたなど、子どもの生活を豊かにする有形無形の文化財は、
玩具と同様に保育者が選んで子どもたちに提供するものです。選ぶ際は、そ
の子どもの発達段階や興味・関心、それまでの生活経験、地域の実態などを
踏まえて選ぶ必要があります。

（1）絵本

絵本は感性を豊かにし、想像力、語彙力、言葉に関する感覚を育てます。また、読み手である大人との関係性を深めます。絵本のコーナーは明るい窓側に設定し、カーペットを敷くかソファなどを置いてくつろげるようにします。絵本棚は、表紙が見える平置きタイプのものだと子どもが選びやすくなります。年齢に合わせて、物語絵本の他、知的好奇心が高まる4・5歳児には科学・知識の絵本、図鑑など多様な絵本を置くことが望ましいでしょう。

絵本コーナー

（2）わらべうた・歌

子どもにとって、歌は最も身近な音楽表現と言えます。わらべうたは日本語のリズムやアクセントなどと深く関係しており、身体の動きを伴うものが多いことから、言葉や表現力を育てます。また、仲間と一緒にわらべうた遊びをすることで、コミュニケーション力や社会性なども養うことができます。「唱えうた」「絵描きうた」「ジャンケンうた」「なわとびうた」「手合わせうた」「鬼遊びうた」などの種類があり、保育者が肉声で歌うことが大切になります。

（3）伝承遊び

先に挙げたような玩具を使わない伝承遊びも数多くあります。「鬼ごっこ」「高鬼」「氷鬼」「色鬼」「子とろ」「ことしのぼたん」などの様々な鬼遊びや、「Sけん」「開戦ドン」「かごめかごめ」「はないちもんめ」など幅広くあります。こうした集団遊びを通して、心身を動かし、ルールを守り、自己を抑制し、コミュニケーションを取り合いながら協調する社会性を養うことができます。少子化の中、園で行う意義はますます高まっているといえます。

（4）紙芝居・人形劇等

基本的には読み手と子ども、1対1の個で楽しむ絵本に対して、集団に向けて演じられるのが紙芝居や人形劇です。友達と一緒に観て共感する楽しさを味わうことができます。絵本と同様に想像力を培い、言語的・情緒的発達を促します。また、保育者が演じることで親しみや憧れを感じ、自分も演じてみたい

紙芝居

という意欲をもつようになります。そのため、演じた後には保育室に紙芝居や人形（パペット）を置き、子どもが使えるようにしておきます。パネルシアター、エプロンシアター、手袋シアターなども同様です。

❸. 飼育・栽培

飼育・栽培は遊びとは言えませんが、子どもの生活と遊びは不可分なものです。子どもは、園内で飼育・栽培している小動物や植物を見たり、触ったり、世話をしたりすることを通して心を通わせ、親しみを感じ、生き物を大切にする心を持ち、やがて命の尊さに気づいていきます。

鉢植え

保育者は、えさや水やりなど世話の方法を知らせたり、飼育・栽培している動植物の側に関連する絵本や図鑑を置いたりすることで、興味・関心のきっかけになるようにします。

（1）飼育

園内でよく飼育されている小動物には、ウサギ、ハムスター、インコ、金魚、メダカ、カメ、ザリガニ、オタマジャクシ、カタツムリなどの他、カブトムシやその幼虫などの昆虫類があります。世話は交替で行い、生き物の様子に変化があった際にはみんなに知らせるなど、クラス全体で生き物を見守る姿勢を

金魚

育てていくことが大切です。クラスだよりなどを通じて保護者にも飼育について理解してもらいましょう。

生き物に触れる体験は大切ですが、感染症が直接的、間接的に伝播する恐れもあり、また子どもによってはアレルギーをもつ場合もあるため、接触には細心の注意と衛生への配慮が必要です[3]。

（2）水栽培

室内での栽培は、ヒヤシンスやクロッカスなど球根の水耕栽培が育てやすいでしょう。ガラスのように透明な容器で育てると根の成長も外から見て楽しむことができます。その他、ニンジンなどの野菜のへたを使って水耕栽培し、成長した葉を収穫して、給食で味わうこともできます。

＊3
環境省「人と動物の共通感染症に関するガイドライン」2007年を参照。

４．室内環境の構成

　保育室はそれぞれの遊びに集中できるよう、安定した棚などを使って仕切り、遊びのコーナーを設定します。入口に立った時に他の子どもが楽しそうに遊んでいる姿を見渡せると、子どもが遊びの選択をしやすくなり、やってみたいという意欲にもつながります。ごっこ遊びなど動的な遊びは人の集まる場所、絵本のように静的な活動は部屋の奥が適しています。子どもの動線を考えて配置しましょう。

　保育室の環境構成は、年齢・発達や季節、クラスの子どもたちの興味・関心、遊びの様子などによって変化させていきます。３歳未満児クラスには室内であっても粗大運動の遊具が必要です。平行遊びの多い３歳児クラスでは、遊びたい子どもの人数分の玩具が用意されていることが望ましいです。一方、５歳児クラスでは少し "不自由さ" が含まれていることも大切になってきます。たとえば、遊びたいものを他の子が使っている際、「次に貸してくれるよう交渉し、順番に使う」「リサイクル材等を使って似たようなものを工夫して作る」など、自分で考えて行動する力につながるからです。

第２節　遊びを豊かにする屋外環境 ―園庭―

１．自然

　自然は、子どもにとって最も重要な環境と言っても過言ではありません。土や砂、水、光、緑は心に安らぎをもたらします。五感を刺激し、美しさや不思議さを感じると共に、問題解決能力、危機回避能力など様々な力を培います。都市化により地域で自然環境に触れる機会が少なくなった現代において、園庭に自然の環境があることは、より重要な意味を持つようになってきました。園庭は、子どもが樹木や草花、虫などとの自然との出会い、触れ合いの場としての役割を持っています。

（１）樹木・草花
　園庭には、花が香る、実がなる樹木や落葉樹などがあると、四季それぞれに季節の変化を感じることができます。また、安全に留意しつつ、木登りなどの遊びができる樹種を選定することも有効です。子どもたちの自然遊びの

基本は採集遊びであり、園庭には拾える木の実や落ち葉、摘んでもよい雑草などがあることが大切です。園庭に出る際は、摘んだり、拾ったりしたものを入れる袋などを用意しておきます。集めた自然物は、まつぼっくりけん玉やどんぐりこまなど、遊びや製作に使うこともできます。

カリンの実

（2）虫

アリの巣の観察、セミやトンボの採集など、子どもにとって虫は身近で触れることのできる生きた教材です。観察にはルーペや図鑑、昆虫採集には虫取り網やカゴなどがあると遊びが発展しやすくなります。園庭の植木鉢やプランター、石の下や落ち葉の中に潜んでいるダンゴムシは、動きが俊敏でないため2歳児でも容易に捕まえることができます。バッ

ショウリョウバッタ

タやカマキリは捕まえた後、保育室で飼い、卵が孵化する様子を見ることもできます。

（3）泥

雨が降った後の水たまりに入り、足で水しぶきを上げて喜ぶ子どもの姿は、昔も今も変わらない情景です。泥遊びは心を解放させ、感情を表出させてくれます。子どもたちは土と水を混ぜてその感触を楽しみ、泥だんごや泥ケーキなどを作ります。泥は洗濯で落ちにくいので保護者の理解を得て、遊ぶ際には汚れても構わない服装に着替えるなどすると、過度な制限をせず思い切り遊ぶことができます。保育者も一緒に遊びを共有しましょう。

（4）栽培

園庭の面積に余裕があれば花壇や野菜畑を作り、花や野菜などを子どもと一緒に育てるとよいでしょう。それが難しい場合には、プランターの活用も有効です。子どもが種まきや苗植えから参加することで、植物の生長過程を知り、水やりなどの世話を通して親しみを持ったり、責任感を培ったりすることができます。花の栽培では、アサガオやヒマワリなどが育てやすく、花を観賞し

プランター

た後に種を取ることもできます。作物では、キュウリ、ミニトマト、ジャガイモ、サツマイモなどが育てやすく、収穫して調理し、食べることで食育にもつながります。

2. 遊具

園庭の遊びは全身を使い、ダイナミックな活動で発散することができます。保育者は、子どもの身体機能の発達や、仲間と遊びのイメージや目的を共有し、社会性を身につける場であることに留意して遊具を設置する必要があります。園庭の遊具は、その場に固定されている固定遊具とその他の移動遊具に分類されます。

（1）固定遊具

園庭の大型遊具には、ジャングルジム、すべり台、ブランコ、シーソー、鉄棒、登り棒、雲梯、砂場などがあります。砂場は、2歳児頃から砂の感触を楽しみ、次第に山やトンネル作りなどに発展して、一人でも集団でも多様に遊ぶことができます。すべり台、ブランコは風を感じ、スリルを味わえる遊具です。その他の固定遊具、大型遊具はダイナミックな運動を誘発し、集団遊びの基地にもなり得ます。小さな家やツリーハウス、ベンチやテーブルとイスなどを置くことも、ごっこをはじめとした様々な遊びを創り出すでしょう。

すべり台

遊具と砂場

（2）移動遊具・玩具

園庭の遊具には、三輪車や竹馬といった身体を動かすためのものや、バケツやシャベルといった砂遊び・水遊びの玩具などがあります。遊びたい子どもの人数と場の面積に合わせて数を用意しましょう。

伝承遊びである凧あげは、風を感じバラン

移動遊具・玩具

スに気づくことができます。他にも風車やシャボン玉、水に浮かべられる紙や木の工作による船など、戸外でしか体験できない遊びを用意したり、子どもと製作したりすることで、自然の事象への興味・関心を深めることができます。

3. 屋外環境の構成

　園庭には、自然スペース、遊具スペースの他、鬼ごっこなどで思い切り走りまわることのできる平らな広いフリースペースも必要です。そこでは園の行事が行われることもあるでしょう。園庭は、全年齢の園児が使用する共有スペースとして、子どもに必要な経験とそのための環境を考え、大型固定遊具の他、起伏のある築山や池などを、室内と同じく子どもの動線を考慮して配置することが大切です。園庭が狭い場合には、近くの公園や森林などを活用し補います。

　季節により、夏であればプールや日よけを配置する、冬であれば雪や氷で遊ぶなど、それぞれの園の状況に合わせながら、変化する園庭が子どもの多様な経験を保障するように配慮します。

　保育室、遊戯室以外の屋内環境、たとえば玄関ホール、廊下、階段なども子どもたちは遊びの場として活用しています。また、園庭以外の屋外環境として、散歩など園外保育先である地域の公園や自然環境についても、保育者は保育資源として理解しておく必要があります。子どもの遊びと生活の全体像を把握し、環境について考えていきましょう。

 ・・・・・・・・・・・・・・・・・・・・・ **演習課題**

①まとめの演習課題

　クラスの年齢や時期を自分で設定し、何もない保育室に積み木（ブロック）、ままごと、絵本、製作のコーナーを自由にレイアウトしてみましょう。テーブルやマットはどのようなものをどう配置しますか？　一人の子どもがどのように遊ぶか、また友達との関わりや動線なども考えに入れてみてください。

②発展的な演習課題

　あなたの理想の園環境を園庭、玄関ホール、廊下、階段などまで含めて考えてみましょう。どのような動植物（例：ウサギ、ザリガニ、登れる木、実がなる木）、固定遊具、おもちゃを配置しますか？　また、遊びだけでなく生活面での部屋（例：ランチルーム）や家具（例：ソファー、午睡用のコット）など何でも思いつくものを上げ、他の人と語り合ってみましょう。

【参考文献】
秋田喜代美・増田時枝・安見克夫・箕輪潤子編『新時代の保育双書　保育内容　環境
　第3版』みらい　2018年

高山静子『環境構成の理論と実践—保育の専門性に基づいて』エイデル研究所　2014 年
瀧薫『保育とおもちゃ—発達の道すじにそったおもちゃの選び方』エイデル研究所
　2011 年
樋口正春『保育と環境—理論と実践』NPO 法人ちゃいるどネット大阪　2003 年
カーリン・ノイシュツ『おもちゃが育てる空想の翼—シュタイナーの幼児教育』学陽書
　房　1999 年
撮影協力：新潟青陵幼稚園

☞ **深めるワンポイント**　「子どもの文化財」の考え方・選び方

　保育の中でどのような文化財や芸術的環境を構成・提供するかは、保育者の感性にかかっています。子どもの健やかな成長を願って、少しでも優れた保育環境（文化財）を厳選して与えたいものです。

　たとえば絵本は、単なる言葉や知識を覚えさせる教材ではありません。大人が子どもをかたわらにおいて読み聴かせるものです。絵本の言葉は大人の声によって生命を吹き込まれ、子どもに届けられます。短い時間でも私たちは子どもと共に絵本の世界を旅しているのです。だから、わくわくしたり、どきどきしたり、心動かされる絵本がいいですね。選ぶヒントとしては、乳幼児期という点から 4 つあげられます。**①短いもの、②繰り返しの多いもの、③ユーモアのあるもの、そして④身近な生活にある話題**です。

　その他の文化財（玩具、人形、遊び、歌など）についても、選ぶ時はじっくり考えてみてください。熟慮して選ぶことは、保育者の資質・能力そして保育の質向上に直結していきます。以下に、子どもの文化財を選ぶにあたって参考となる書籍を紹介します。

> 楽しみながら
> しっかり選ぼう！

●絵本選びの参考図書
　原和夫・原早苗『絵本のめぐみ』内藤城　2013 年
　藤田浩子『藤田浩子の絵本は育児書』アイ企画　2013 年
●その他の参考図書
　有木昭久『子どもの喜ぶ伝承集団ゲーム集』『子どもの喜ぶ創作集団
　　ゲーム集』黎明書房　2009 年
　藤田浩子編著〈おはなしおばさんシリーズ〉①〜⑥　一声社 2001 年

第7章 情報機器及び教材の活用・工夫と充実

●はじめのQ

エピソード（1）を読んで、このあとの保育計画をあなたならどのように立てていきますか？　考えてみましょう（考える時間の目安：3分）。

エピソード (1)　どうやって伝えようかな？（5歳児クラス／9月）

　夏休みが終わり、2学期が始まりました。9月のはじめ、10月に行われる運動会での踊り（ダンス）を子どもたちに紹介するための学年集会が予定されています。そこで、どのように紹介するのか、その内容を考える担当を任されることになりました。

●本章の学びのめあて

　年間を通して、園では数多くの行事が行われます。その中でも、運動会は子ども達の成長した姿を表す場として行われることが多いでしょう。特に5歳児クラスは、小学校に上がる前の最後の運動会になるので、クラス全体で運動会へ向かう意識を高め、取り組んでいくことが求められます。この章では、様々な「情報機器及び教材」を保育計画の中に活かしながら、活動への子ども達の興味・関心を高める工夫を学んでいきましょう。

第1節　情報機器の利用について

1. 情報とICT

　2017（平成29）年に告示された幼稚園教育要領の「第1章　総則　第2」の「幼児期の終わりまでに育ってほしい姿」の「(5) 社会生活との関わり」には、"情報"に関する記述があります[1]。

幼稚園教育要領

第1章 総則　第2 幼稚園教育において育みたい資質・能力及び「幼児期の終わりまでに育ってほしい姿」（5）社会生活との関わり
　（幼児が）幼稚園内外の様々な環境に関わる中で、遊びや生活に必要な情報を取り入れ、情報に基づき判断したり、情報を伝え合ったり、活用したりするなど、情報を役立てながら活動するようになるとともに、公共の施設を大切に利用するなどして、社会とのつながりなどを意識するようになる。

そして、同章の第4の3には、次のような一文が初めて記載されました。

幼稚園教育要領

第1章 総則　第4 指導計画の作成と幼児理解に基づいた評価
　3　指導計画の作成上の留意事項（6）
　幼児期は直接的な体験が重要であることを踏まえ、視聴覚教材やコンピュータなど情報機器を活用する際には、幼稚園生活では得難い体験を補完するなど、幼児の体験との関連を考慮すること。

　このように、直接的な体験が重要であることを踏まえながらも、幼児教育において情報機器の活用が求められるようになったのです。情報というと、IT（情報技術）という言葉が浮かんできますが、幼児教育においては、ICT（情報通信技術）の活用が求められています。まずは、情報とは何か、という問いから始めて、情報機器の種類などを学んでいきましょう。

2. 情報機器について

（1）情報とは

　情報とは、「ある事柄に関して知識を得たり、判断のよりどころとしたりするために不可欠な、何らかの手段で伝達された種種の事柄」[2]と辞典に

は書かれています。つまり、判断をしたり、行動を起こしたりするために必要であったり、あるいは役に立ったりする知識や知らせ、考え方ということになります。

ITとは、「Information Technology（情報技術）」の略です。そして、ICTは、ITに「Communication（通信、伝達）」という言葉が入ったもので、情報通信技術ということになります。ITよりもコミュニケーションの要素が強調されている用語といってよいでしょう。

（2）情報機器の種類　－保育現場で使われる情報機器の種類－

情報機器は、映像・画像・音声・文字・数字などの媒介となる種類に分けられます。そして、保育現場では以下のような情報機器や視聴覚機器が使われています。

1．パーソナル コンピュータ（デスクトップ、ノートブック、タブレット PC）
2．CDプレーヤー、カセットデッキ
3．デジタルカメラ
4．ビデオカメラ、DVDプレーヤー
5．書画カメラ　　　　など

保育の内容によって、保育者は様々な情報機器から適したものを選定し、使用することになります。それでは、エピソード（1）の続きがどのようになったのか、見てみましょう。

 エピソード(2)　世界の踊りに興味津々（5歳児クラス／9月）

【使用機器：ノートPC、プロジェクター、YouTube、DVD】

夏休みが終わり、運動会での踊りを子どもたちに伝える機会として学年集会を行いました。その際に、世界の様々な踊りを子どもたちに見せるために、YouTubeを使って踊りを見せることにしました。

プロジェクターで鑑賞

当日は、事前にいくつか見せたいものをプレイリストに組んでおきました。学年全体(幼児93名)で共通のものを見る手段として、プロジェクターを用いて、動画やDVDを見る機会を設けました。子ども達は、様々な踊りを興味津々に見入っており、おもしろいと感じた動きには、歓声をあげていました。

このエピソードから、運動会の踊り（ダンス）のイメージを世界の様々な踊りから感じてほしいという保育者の意図が読み取れます。保育者の意図・願いを可視化するために、様々な情報機器を利用することができます。

（3）情報機器を使うことについて

ここまで、保育者が使用する情報機器について述べてきました。しかし、保育現場での情報機器は、保育者だけでなく子ども達が使用することも考えられます。情報機器を保育の場で使用することに関しては、賛成や反対など以下のように様々な意見があげられるでしょう。

「賛成」派の主な意見

- 視覚的な情報が多くわかりやすいので、子どもの興味・関心が強まる。
- 幼少期から情報機器を使うことで、情報機器に対する苦手意識がなくなり、抵抗なく使うことができるようになる。
- 大人のように情報機器を使うことができるという、自信を持つことができる。
- 機器によっては、低年齢の子どもでも使うことができる。

「反対」派の主な意見

- 間接体験となり、バーチャル（仮想的）なもののため実体験が乏しくなる。
- 1人の遊びになることが考えられ、友だちと遊ばなくなる。
- PCなどの画面などを長時間見ることで目が悪くなる。
- 室内ばかりにいるようになる。
- 子どもの遊具としては高価すぎる。

保育者が使うだけでなく、子どもが使うことには様々な意見があるようです。それでは、エピソード（2）のその後の保育展開を見ていきたいと思います。

 エピソード (3) 「あ、サオリちゃんいた！」（5歳児クラス／9月末）

【使用機器：iPhone、iPad】
　運動会の取り組みが盛んになってきた9月末頃。運動会で行う踊りをクラスで行うことが盛り上がってきていました。ホールや園庭などの広い場所で行う際には、踊っている姿をスマートフォン（iPhone）で撮影してみました。

自由に視聴できる場へ

撮影したものは、iPadで見ることができるようにし、子どもたちが自由に視聴することができる場に置いておきました。見ていた子どもたちからは、「あ、サオリちゃんいた！」「みんなそろってるね」「丸がきれい」などと、いろいろな感想が聞かれました。自分たちが行ったことを客観的に俯瞰するよい機会となったようです。

紹介しているエピソードでは、個人情報（データ）の取り扱いについて、漏洩しないように十分に配慮しています。

このように、情報機器を取り入れる方法も多様になってきています。保育現場に情報機器を取り入れることに関しては、園の保育方針、そしてその園の保育観を重視し、視聴覚教材や情報機器の特性をとらえたうえで、子どもの生活や遊びの中に取り入れるのかどうかを判断することが大切となります。

第2節　教材の活用・工夫について

第1節では情報とは何かという問いから始まり、情報機器の種類、情報機器を使うことなどについて学びました。ここでは、ICTを教材としての活用していく方法、そして工夫すべき点などについて学んでいきましょう。

1. 保育現場での教材として

（1）お泊まり保育を思い出す

 エピソード (4)　「これたのしかったよね」（5歳児クラス／7月中旬）

【使用機器：デジタルカメラ、印刷した写真】

お泊まり保育が終わり、1学期も残り1週間となりました。初めて保護者と離れて一晩過ごすことができた子どもたちが「できた」ことを思い出し、自信につながるように、年長の保育室には、それぞれお泊まり保育の時の写真を掲示しました。

お泊まり保育の思い出

掲示した写真を見ながら「これたのしかったよね」「まっくらでドキドキした」「またやりたいな」などと写真を見ながら友だちと話す姿が多く

見られました。その時に自分がどんな気持ちだったのかなど、楽しかったことを思い出し、気持ちを共有する機会となりました。

　幼稚園では、年長クラスの1学期の最後にお泊まり保育を行い、お泊まり保育が終わった次の日から夏休みが始まる園も多いようです。この園では、お泊まり保育終了後も1週間ほど保育がありました。そのため、保育者がデジタルカメラで記録したお泊まり保育の写真を子どもたちが見て、お泊まり保育で経験したことを振り返る機会を持っています。写真に写っている自分の姿を見つけるのは楽しいものです。あの時の楽しい気持ち、ドキドキした気持ちなどを友だちと話すことで、直接的な経験を再確認することにつながっています。

　園によっては、お泊まり保育の最終日に迎えに来た保護者をホールに集め、降園前にお泊まり保育の写真や動画を上映することもあるようです。保護者にとっても、お泊まり保育で子どもがどのように過ごしていたのかを実際の映像で見ることは楽しく、そしてうれしいことだと思います。

（2）遊びの中のイメージを共有する

　次は、遊びの中でのエピソードです。情報機器を遊びの中に活用している保育をのぞいてみましょう。

 エピソード (5)　お医者さんごっこ（5歳児クラス／9月中旬）

【使用機器：iPad】

お医者ってどんな格好？

　クラスの中での遊びで、お医者さんごっこが始まりました。お医者さんの装いのイメージを言葉で伝え合いながら、「白い服着てるよね」「首からなにかさげてたよね」と思い思いのイメージを伝え合っています。

　そこで、子どもたちそれぞれのイメージを共有するために、医師の画像をiPadで提示してみました。「ほんとだ、白い服だ」「さっき言ってたのこれだよ（聴診器を指しながら）」と、自分のイメージが画像を見ることで具体的になり、お医者さんの姿を実現できる方法を保育者と子ども達と一緒に探っていきました。

　タブレット PC（iPad）には、様々な使い方があります。画像を写すだけでなく、動画や音楽、アプリの使用、Web 上の情報など、保育の中での疑問点を補完することに用いることもできます。近年の子ども達の環境には、スマートフォンが身近に存在しています。指先で操作するスマートフォンやタブレット PC などは、今の子ども達の方が巧みに使いこなし、慣れているのかもしれません。保育者も子どもの取り巻く環境を把握し、保育に活かす方法を考え、工夫していく力が求められます。

2. 保育事務などに使う情報機器について

　情報機器は子ども達と過ごす日中の保育の場だけに使われるのではありません。日々の保育を記録し、整理するという、保育事務作業にも使用することが多いです。以下は、保育事務として使用される例です。

　・園便り、クラス便りなどの作成
　・個人記録や指導案の作成
　・誕生カードやネームシールなどの作成
　・ハガキの作成（暑中お見舞い・年賀状など）
　・ビデオ編集や音楽編集
　・園児のデーター管理

　園便りやクラス便りなどは、手書きで発行する園も多いと思います。しかし、ポートフォリオ[*1]として保育の写真を織り込み、PC でお便りを作成する園も増えています。また、保護者のみ見ることができる園のブログに、毎日撮影した保育の写真にコメントを入れてアップするなどの作業を保育者が行っている園もあります。

　ニュージーランドの全園では、テ・ファリキに基づいた保育実践を「ラーニング・ストーリー」（「学びの物語」）として、誰でも目にすることができるエビデンス（根拠）として記録しています。その記録には、一人一人の遊びなどの写真を用い、ポートフォリオとして、一人一人の目標や学んだこと、そして成果が保護者などに見えるように室内に掲示しています[4]。日本以外をみても、情報機器を活用し、保育を記録している国々が数々見られます。

　そのほか、日々の個人記録を PC 上にデータとして保管し、学年末の幼稚園幼児指導要録や保育所児童保育要録、認定こども園こども要録を作成する際に、そのデータを整理し、一人一人の要録を書くこともあります。そして、運動会やお遊戯会などの行事の際には、保育者がビデオや音楽を編集するこ

* 1
ポートフォリオとは、もともと紙挟みや書類を保管するケース、ファイルのことを意味します。保育の場合、子ども一人一人の年間を通じた育ちや学びの軌跡を可視化するものとして作成されます[3]。

129

ともあるでしょう。

　このように情報機器の活用方法は、多方面に渡っていることがわかります。保育現場で情報機器を活用するうえで、保育の中の教材を提供するものとして精査し、保育計画の中にどのように取り入れるのか、保育者間で話し合うことも大切です。

第3節　まとめ　—保育者の研修—

　次のエピソードは、ある園の園内研修の場面です。保育者同士の学びの場においても、情報機器を活用しています。

エピソード（6）　保育の振り返り（全学年／10月下旬）

【使用機器：PC、プロジェクター】

　運動会が終わり、2学期も中盤に入ったところ、保育の振り返りを行いました。各クラスの保育者が撮った子ども達の写真を見ながら、その時の保育活動について、お互いの感想や意見を出し合いました。そして、今後の保育内容や行事について話し合いました。

保育者の学びにも有効です（東京都中野区立弥生保育園の園内研修の様子）

　他クラスの保育者から第三者の目で保育の画像を見てもらうことで、新たな子どもの育ちや保育内容の改善点を知ることができました。

　園内研修は、多くの保育現場で行われています。保育者は、日々の保育に追われ、なかなか自分の保育を振り返る時間を持つことができません。そのため、園全体でそれぞれの保育を振り返る時間を持つことは重要です。

　そこで、保育の振り返りがより充実したものになるように、保育の写真などの振り返りのための材料を用意することも必要でしょう。画像などの情報から子どもの姿を見たり、保育者の立ち位置などを確認したり、改善点を多く見つけることもできますが、まずは良かった点を意識することも必要です。保育者同士で保育を評価していくことで、保育者としての自信がつき、保育者の資質、能力を伸ばすことにつながっていきます。

　以上、情報機器について、教材の活用、工夫など述べてきました。「PCは苦手」「情報機器といっても自分では使いこなせない」と避けてしまうの

ではなく、保育者としての専門性を高める研鑽のためにもこれらをどのように使うことができるのか、日々保育者自身も学んでいくことが大切です。情報機器の特性を学び、そして環境の中にどう活かすことができるのか、前向きに考えていきましょう。

演習課題

①まとめの演習課題

　自分が保育者になった時に、どのような保育内容で情報機器を使用してみたいかを考えてみましょう。具体的な保育の活動、行事などを想定して、どのような情報機器を使ってみたいか周りの友だちと話し合ってみましょう。

②発展的な演習課題

　クラス便りを作ってみましょう。ここでは、自分の日々の生活などをお便りにしてみましょう。休みの時の自分のエピソードを取り上げたり、季節の行事などの説明を載せてみたり、社会のことなど取り上げたり、様々な角度から以下の様式で作成してみましょう。

　・Ａ４版　縦１枚
　・ＰＣのWordを使用
　・自分で撮った画像やフリー素材のイラストなどを入れてみましょう。

　何の情報を知らせたいのか、読み手に何を伝えたいのかなどを意識して仕上げてみましょう。自分のお便りができあがったら、友達同士で交換して読み合ってみましょう。

【引用文献】
1）文部科学省『幼稚園教育要領』2017年
2）『新明解国語辞典　第7版』三省堂　2012年　p.727
3）秋田喜代美監『保育学用語辞典』中央法規出版　2019年　p.161
4）目良秋子・石沢順子・土橋久美子「意欲や主体性を育む幼児教育－領域『健康』『人間関係』『環境』からみた日本とニュージーランドの比較－」『保育・教育の実践と研究　初等教育学科紀要　第4号』白百合女子大学　2018年　p.72.75

第**8**章 保育の計画・記録・評価 ―実践と振り返り―

●はじめのQ

エピソードを読んで、あなたが「ジャガイモ掘り」を計画することになったら、どのような「ねらい」を立てるかを考えてみましょう（考える時間の目安：3分）。

✒ エピソード（1）　ジャガイモ掘り（5歳児クラス／6〜7月）

ある園の5歳児クラスでは、園庭でジャガイモを育てています。春に種イモを植え、芽が出て、葉が茂り、梅雨明けには小さな花が咲く様子を観察しました。活動をする中で、「ジャガイモが種からできる」と思っていた子ども、草取りを嫌がる子ども、「ジャガイモの花のかわいさ」に感動する子ども、収穫前にジャガイモが枯れてしまったことを心配する子どもの姿が見られました（ジャガイモは地上部分が枯れた状態になってから収穫します）。そうした経験を経て、いよいよ子ども達がジャガイモを収穫する日が近づいています。

●本章の学びのめあて

保育者は単に子どもと様々な活動をしているのではなく、計画性をもって保育に当っていることを理解しましょう。また、指導案の作成や模擬保育、記録の取り方を学ぶことで、実際の保育におけるPDCA（計画、実践、評価、改善）を体験しましょう。

第1節　子どものための指導計画 (保育案) の考え方

1. 保育は誰にでもできる？ ―保育者の専門性と計画性―

とくに保育の勉強をしていなくても、子どもと関わることはできるでしょう。それでは、保育は誰にでもできる仕事なのでしょうか？

単に子どもと関わることと、保育者として子どもに関わることの大きな違いの1つは、計画性の有無です。保育者は「これまでの子どもの姿」(過去)と、「これからの子どもの成長」(未来)を見すえて、目の前の「今の子ども」(現在)と関わりを持ちます。それを文字で表わしたものが、保育計画です。

保育計画は、長期の指導計画と短期の指導計画に分けられます。もっとも長期にわたる指導計画は、「教育課程」や「全体的な計画」と呼ばれ、入園から卒園までの子どもの成長を表わしています。

「教育課程」や「全体的な計画」は、「年間計画」、「期ごとの指導計画」、「月案」、「週案」と徐々に具体化されていき、最終的に「日案」、「部分案」として実践されます。そのため、保育者が単に子どもと遊んでいるように見えたとしても、その背後には、これまでの子どもの成長に対する洞察と、未来の予測(保育者の願い)があるのです。

2. 5領域と指導案

「領域」は、一見すると小学校以上の教育の「教科」(たとえば、国語、算数、理科、社会、生活など)に似ています。しかし、領域は教科と違い、子どもの活動を区分するものではなく、活動を見る保育者の "視点" です。そのため、自然や季節感を取り入れることをテーマとした指導案はあっても、領域「環境」だけに特化した指導案というものはありません。

たとえば、「季節の変化への気づき」をねらいとして、「ジャガイモ掘り」を計画したとします。子ども達は、気温の変化やジャガイモの成長など自然との直接的な関わりの中で、季節の変化を感じ取っていくことが予想されます。しかし、子ども達は、自然との関わりだけでなく、保育者の声がけや配慮、友達との会話を通して、季節感を共有し、実感を深めていくでしょう。これらは、領域「言葉」や「人間関係」と関連しています。このように、領域「環境」に関わりの深い主題を選択して指導計画を立てたとしても、その活動は全領域と関わりをもって展開されることに留意してください。

第2節　指導計画の作成と模擬保育の実際

1. 指導計画案を書いてみよう

　前節で述べたように、指導計画には長期の計画（年間計画等）と短期の計画（週・日案等）があります。その中でも、模擬保育や実習で作成する指導計画は主に日案、部分案です[*1]。表8－1は、日案の指導計画のフォーマットの一例です。

＊1
そのため、本書では日案、部分案の書き方に焦点をあてています。しかし、就職後は、長期計画も作成することになります。その準備として、短期計画を立てる際にも、つねに長期計画との関係性を念頭に置いておくとよいでしょう。

表8－1　指導計画のフォーマットの一例

実習指導計画案
○○大学こども学科　　　　氏名：

園(施設)名：	令和　　年　　月　　日　　曜日
＜これまでの子どもの姿＞	＜クラス構成＞ 　　　　　　歳児　　　　組 （男子　名 女子　名 計　　名）
＜中心となる活動＞	＜準備物＞
＜ねらい＞	

時刻	環境の構成	予想される子どもの活動	保育者の援助・留意点

出典：筆者作成

（1）活動の「ねらい」を定めよう

　短期の計画に限ったことではありませんが、「ねらい」（何を目的として保育を行うのか）は指導計画の核となる部分です。後に保育の評価について説明しますが、保育の評価とは「ねらい」の達成度に対する評価です。そのため、「ねらい」が適切でなければ、保育のPDCA（計画、実践、評価、改善）サイクル全体がうまくかみあっていきません。しかし、実際に「ねらい」を立てるためには、その前に何らかの「評価」を必要とします。その評価に当たる部分を記入する箇所が、「これまでの子どもの姿」です。

　「ジャガイモ掘り」を例に取ると、「ジャガイモの成長過程を少しずつ理解し始めている」子ども達の様子が見られたとすると、今度はそれを踏まえて

指導案を考える時も、子どもの姿をいかに観るかが大切ですよ！

「ジャガイモの成長過程を振り返りながら、ジャガイモの収穫を楽しむ」という「ねらい」を立てて保育を行うということになります。「これまでの子どもの様子」と「ねらい」を結び付けて考えるようにしましょう。

「ねらい」において、保育者は、その活動を通して「子ども達にどのような資質・能力を身に付けて欲しいのか」「子ども達に何を理解してほしいのか」を明示します。そして、「ねらい」の妥当性は、保育者が見た「これまでの子どもの姿」によって判断されます。つまり、よりよい「ねらい」を立てるためには、保育者は適切な保育観を持ち、子どもを観る目を鍛えなければなりません。

（２）保育の大まかな流れを考えよう

「ねらい」を定めたら、保育の大まかな流れを考えます。記載は「予想される子どもの活動」の欄に行いますが、この欄のタイトルにも示されている通り、活動は子どもの視点から表記されます。

保育の流れについての考え方にはいくつかありますが、ここでは活動を大まかに３つ（「導入」「中心活動」「まとめ」）に分ける方法を紹介します（表8−2）。

表8−2　保育の3つの流れ

導入 ↓	子ども達が中心活動にスムーズに入っていけるように、手遊びを用いて子どもの集中力を高めたり、中心活動への期待をもてるよう、また活動への見通しがもてるように製作物の実物を見せたりします。単に「手遊びをする」、「絵本を読む」のではなく、子どもの視点に立って、何のために導入をするのかをよく考えましょう。
中心活動 ↓	活動内容の概要（製作やルール説明の手順、保育の展開等）を記載します。活動を考える際は、「ねらい」とあった活動内容になっているかを確認しましょう。また、指導案は、自分の考えを整理するためだけでなく、他者（保育者養成校や実習先の指導者等）に自分の保育を説明するという意味もあります。他者の視点から見た「わかりやすさ」を意識しながら中心活動の記載を行ってください。
まとめ	活動の振り返りや、次回の活動へのつなぎ等を行います。「導入」と同様、何のために「まとめ」を行うのかを意識して内容を考えましょう。

出典：筆者作成

（３）保育の流れに沿った「環境の構成」、「保育者の援助」を考えよう

「環境の構成」は主に物的環境や人的環境などについて、文章や図を用いて説明します。たとえば、「導入の際、保育者や子ども達は、どのような状態で、どこにいるのか」、「中心活動で製作を行う場合、１つの机に子どもは何人ずつ座るのか」、「机の上には何をいくつ準備しておくのか」等を明示します。また、教材や製作物もここに図示します。とくに保育の展開によって

環境構成が変わる場合は[*2]、環境の変化がわかるように図や説明文を用いて記載を行うようにしましょう。

「保育者の援助・留意点」には、「予想される子どもの活動」に応じた保育者の援助や留意点を記載します。子ども達が保育者の想定とは異なる行動をとった場合の対応や、活動を行うにあたって注意すべき点を予想してみましょう。たとえば、予想より早く製作を終えてしまった子どもや、逆に周囲の子ども達よりも活動が遅くなってしまった子どもへの対応を考えます。

他にも、子ども達に質問をする場合、どのようなことに留意して質問を行うか等を考え記載します。また、活動の「ねらい」に留意し、その「ねらい」に沿った援助のあり方を考えることも重要です。

（4）その他（「時刻」、「準備物」）

「時刻」の欄には、保育の開始時刻、中心活動の開始時刻・終了時刻、保育の終了時刻等、目安となる時間を記入します。しかし、記入した時間帯をすべて守って保育を行うことが目的ではありません。大切な点は、決められた保育時間に対して、実際の活動が短すぎたり、長すぎたりしないことです。そのためには、区切りとなる時間を頭に入れておき、時間を調整しながら保育を進めていく必要があります[*3]。

「準備物」の欄は、準備すべき物を記載しますが、準備する物だけでなく、個数も記載するようにしましょう。その際、子どもの人数分だけ準備物を用意すればよいわけではなく、余裕をもって個数を準備した方がよい場合もあります。活動内容をよく考えて、必要な準備物と個数を記入しましょう。

2. 模擬保育で指導計画を実践してみよう

（1）事前準備をしよう

指導計画は立てるだけでなく、実際に行ってみることが重要です。保育者養成校の授業等で実際の子ども達に対して保育を行うことができない場合は、「模擬保育」という形で保育のシミュレーションを行います。

模擬保育は、保育者役と子ども役に分かれて行います。保育者役は、子ども役の人数を事前に把握して、保育計画の作成、教材の準備等を行います。子ども役は、事前に対象となる子どもの年齢、発達段階、保育が設定されている時期等を頭に入れておきます。

たとえば、春先の保育では4歳児クラスといっても3歳児が大半を占めることもありますし、逆に冬の4歳児クラスには5歳になった子どもも多くなります。子ども役は、保育者役がより現実の保育に近い形で模擬保育を行え

*2
たとえば、導入で机とイスを使用していたが、中心活動では机とイスなしで保育を行うといった場合などです。

*3
実際の保育場面では、予定時間より活動時間が短かったり長かったりすると、次の保育活動に影響を及ぼします。そのため、たとえば「導入」で思ったより時間を取られたので、「中心活動」で少し時間を短縮するというように臨機応変な対応が求められます。その際の目安として、区切りとなる時間を頭に入れておく必要があります。

るよう、事前の役作りに励みましょう。

（2）役になりきって保育を体験しよう

　保育者役も子ども役もお互いに与えられた役になりきって、模擬保育を行います。保育者役は、実際の保育と同様の緊張感をもって模擬保育に臨みましょう。また、子ども役は、子どもになりきって、たとえば保育者の指示が子どもにとってわかりづらいと思えば、戸惑う、指示とは異なる行動をとる等の演技をします。模擬保育が実際の保育に近づけば近くづくほど、より多くの気づきが生まれます。お互いが保育の実践力を身に付けることを第一の目的として、模擬保育に臨みましょう。

（3）模擬保育について意見を交換しよう

　模擬保育の目的は、うまく保育を行うことではありません。できた点、できなかった点を確認し、できなかった点を次の機会に改善することです。そのためにも、お互いの保育のよい点や改善点について率直な意見交換を行ってください。保育は、子どもが楽しめるものでなければなりません。より多くの子ども達が活動を楽しめるような工夫がなされていたか、活動に集中できるような環境構成になっていたか等、子どもの視点に立って活発な意見交換をしましょう。

　さらに、楽しさだけがよい保育の条件ではなく、これまで見てきたように、計画性も保育の重要な要素です。模擬保育を行う際には、指導案等で保育の「ねらい」や流れについて共通理解を図っておきましょう。そのうえで、「ねらい」が適切であったか、保育の中でその「ねらい」が達成できていたか等について意見を交換します。率直な意見交換は、実際の保育に向けた「実践力」の向上や、自分や他者の保育を「評価する力」の向上につながります。

率直な意見交換は、お互いがよりよい保育者になるために必要なこと。保育者を目指すもの同士、率直な意見をぶつけ合って、実践力 UP のために協力し合おう！

第3節　子どものための記録

1. なぜ「記録」が必要なのか？

　保育者の欠かせない仕事の1つとして、保育日誌や連絡帳などの「記録」があります。これを読んでいるみなさんの中には、「書く」ことが苦手だ、負担だと感じている人もいるのではないでしょうか？

　私たちは普段の生活の中で、何かを見れば何かを感じ、考えます。自分の中にしまっておけば、「なんとなくこう思った」のような「印象」程度で終わってしまいます。記録は、経験したこと、気づいたこと、感じたことなどを目に見える形で残してくれます。保育者の書く保育日誌や連絡帳などの保育記録は、保育者が子どもと共に過ごした時間を見直すためのものです。文章で書くことで、起こったことを思い浮かべ、状況や自分の気持ちを振り返ることができます。書く前には、考えをまとめる必要があり、その書くために考えることが省察につながり、保育者を成長させてくれます。つまり、記録を書くことは「保育の質」を高めることに直結します。

「保育の質」が高まるから、記録は子どものためになるんだね。

2.「記録」は何を？　どのように書く？

　保育記録は、早く上手に書くことが求められるわけではありません。保育記録を保育者自身の学びにつなげていくためには、エピソード（事実）と、そこから保育者自身が考察したことを書くことが必要です。

　「なぜだろう？」「どうしてだろう？」と、子どもの行動の意味や保育者自身が行った援助について考え、自問自答を繰り返す過程の中で、初めて見えてくることや気づきもあるでしょう。その過程の中では、結果よりプロセスを大事にし、「できた・できなかった」「うまくいった・うまくいかなかった」という○×で子どもの言動や保育者の援助を評価するのではなく、子どもにとっての意味や子どもの育ちを願って、記録していくことが大切です。

　具体的なエピソードとは？

・子どもはどんな姿だったのか（表情は？言動は？しぐさは？など）が伝わるか
・何を、どのように扱っていたのか、していたのかが伝わるか
・「評価するような言葉」ではなく、発達面の意味が伝わるか

　エピソードをもとに考えるとは？

・子どもの発達や経験を理解したうえで、「なぜ？」「どうして？」と行動の意味を具体的に考える

---

❸. 「記録」を書くために、メモを活用しよう

　記録には、その日の一人一人の様子を記入する形式の個人記録や、図8－1のように遊びを空間的にとらえることができるマップ型記録（河邉, 2008）など、様々な種類があります。記録にどのようなことを書くのかをすべて覚えておくことは難しいので、図8－2のようなメモを活用するとよいでしょう。

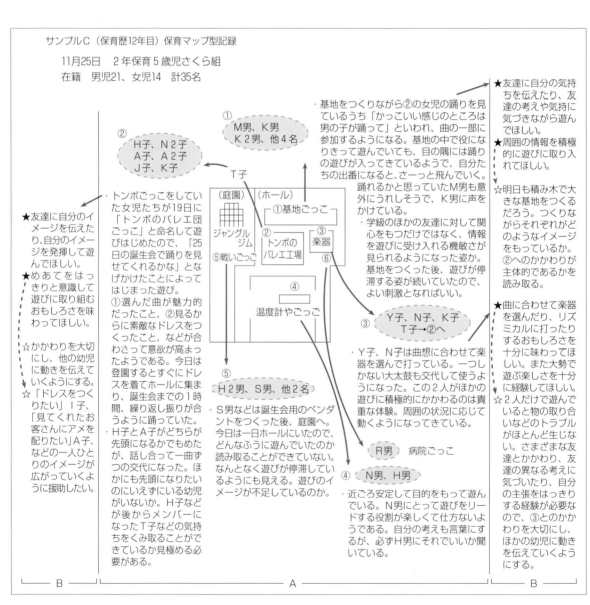

図8－1　保育マップ型記録

出典：河邉貴子「明日の保育の構想につながる記録のあり方：「保育マップ型記録」の有用性」『保育学研究』46（2）2018年　pp.245-256

	誰が who	いつ when	どこで where	何を(したか) what	どのように how	評価考察
	あきこちゃん	今日（○月○日）、外あそびのとき	園庭の花だん	チューリップの花を、「ひ ー と ー つ」、「ふー……みっつ」、「みっつ」とかぞえていた	熱中して何度もくり返していた	「ふたつ」がまだ言いにくいようで、「みっつ、みっつ」とくり返すのがかわいらしかった

図8−2　5W 1Hを表形式にしたメモ

出典：寺田清美『アッというまに書けて☆伝わる保育者の伝える力』メイト　2016年　p.58

第4節　自己評価・第三者評価

1. 保育における評価とは

　社会の状況が変化し、就学前の教育・保育が重視される中で「保育の質」への関心が一層高まっています。子どもの健やかな発達を保障する環境と保育者の高い専門性に対しては、自らの保育実践を評価し改善に取り組むことが必要不可欠です。また、保護者や地域から日々の保育に対する理解を得るためにも、保育実践に関する根拠となる客観的な資料や記録が必要です。

2. 自己評価

　自己評価は、保育者自身や園が行うものであり、保育の質の向上を図るために各施設で実施されています。

　日々、自分の保育を振り返り、評価することはとても重要です。自分の行った援助は「適切であったのか」「不適切だったのか」と判断するだけでなく、「何が適切だったのか」「なぜ不適切なのか」「次はどうしたらよいのか」ということを検討していくことが重要です。しかし、自分のとらえ方や考え方だけで評価することには限界もあることに留意しなければなりません。多様な視点で、多角的に、子どもや保育実践をとらえていくためには、「保育カンファレンス」などが有効です。また、日々の保育だけではなく、月ごと、期ごと、年ごとに自分の保育実践や園の保育を評価していくことも大切です。個人のチェックを園のチェックにつなげ、その結果をまた次の保育へとつなげるこ

とで、保育と保育者の質を向上させることができます。

③. 第三者評価

　第三者評価とは、園のことを保護者でもなく、働く職員や経営者でもなく、専門の調査機関が第三者の視点から調査し数値化することで評価する制度のことです。第三者評価の評価方法は、保護者アンケート、職員アンケート、運営側が提出する評価機関からの質問シート、各アンケート並びに質問シートをもとに行う事業者ヒアリングと関連書類の確認、園の実地訪問による内部調査によって行われます（図8－3）。その結果は誰でも見ることができるよう、所定の年数の間はインターネット上に公開されます。この結果から、改めて自分たちの園における保育を見直すことができます。

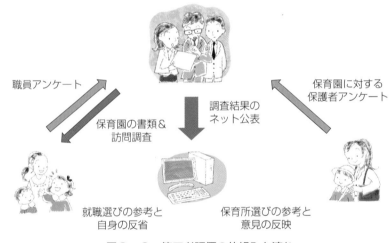

職員アンケート

調査結果の
ネット公表

保育園に対する
保護者アンケート

保育園の書類＆
訪問調査

就職選びの参考と
自身の反省

保育所選びの参考と
意見の反映

図8－3　第三者評価の仕組みと流れ

出典：筆者作成

第5節　まとめ　―省察と改善―

1. 子どもの興味からはじまる PDCA サイクル

　PDCA サイクルとは、計画（Plan）→実践（Do）→振り返り（Check）→改善（Action）→計画→……という活動の循環のことです（図8－4）。保育の質を向上させるためのサイクルで、言葉は違いますが保育所保育指針にも書かれています。

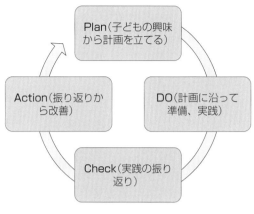

図8－4　PDCA サイクル

　園での日々の保育実践は、決して保育者のその場の思いつきや、無計画に行われているものではなく、指導計画をもとに行われています。そして、実践後、評価によってその計画や実践についての振り返りがなされ、その振り返りをもとに、改善し、次の計画に反映していくという循環構造になっています。循環構造になっているということは、完成を想定しないということです。つまり保育者は自らの手でこの PDCA サイクルを運用して、自らの実践を完成形としてではなく、未完成のものとして絶えず問い直し、よりより実践に向けて改善していく姿勢が求められるのです。

2. 保育を振り返ることの重要性

　保育者には子ども一人一人に応じた保育が求められます。そのためには、保育者は日々の保育実践を振り返り、子どもに対する理解を深め、自分の保育を向上させていくことが必要です。振り返りを行う際には、おおむねあらかじめ立案した計画通りにいったか、計画していた目標に子どもたちが到達できたかというような観点だけにとどまりません。その過程における活動の一人一人の子どもの姿から、それぞれの子どもの思いや興味をとらえて子どもの言動や保育者の援助の意味を探る「省察」が必要となります。保育を振り返るプロセスは次の図8－5のようになります。

①振り返りの目的を明確にする　▶　②その時の自分の感情を記述する　▶　③自分の援助と子どもの行動について分析し、自分の援助を評価する　▶　④今後の課題を明確にし、今後の行動について計画を立てる

図8－5　振り返りのプロセス

出典：筆者作成

鯨岡（2000）は保育の振り返りを保育者に求められる専門性の１つとしてとらえ、「保育者の計画・立案の専門性と、保育実践の専門性を関連付けながら、それを評価し反省する『振り返り』の専門性、つまりメタ専門性とでもいうべきもの」[1] と述べています。

メタ専門性とは、自分が自分の思考や行動を評価し、評価した結果に基づいて自分の思考や行動を調整できる能力です。

　保育者の専門性としての意味は、振り返りがなければ、自分の保育実践が子ども一人一人のために行われていたのかを理解することができず、保育実践を改善する機会を失い、保育の質の向上が望めなくなります。また、振り返りは、自己の保育実践の改善を促すだけでなく、これまでの自分の考えとは異なる保育の視点を生み、気づくことができなかった保育の本質を発見することにもつながります。

　子どもの思いに寄り添い、よりよい保育を目指すには、振り返りは重要な行為です。振り返りを丁寧に行うことを積み重ねることで、保育者自身の成長も促されるのです。

演習課題

①まとめの演習課題

1．保育の計画・記録・評価と保育実践のつながりについて、２〜３人のグループになり発表し合い、それぞれの意見を交換してみましょう。
2．模擬保育後の自身の反省や他の人からの意見を参考に、作成した指導案に修正を記入してみましょう。色ペンで記入すると事前と事後の違いが明確になります。

②発展的な演習課題

1．他の人の作成した指導案の参考になる部分を探し、具体的にどういうところが参考になるかを理由とともに書き出してみましょう。
2．自分自身の保育実践（実習や模擬保育など）について振り返ってみましょう。特に「困った」「気になった」場面などを取り上げ、振り返りのプロセスに沿って振り返りを行いましょう。まとめた振り返りについて、グループで話し合ってみましょう。

【引用文献】
1）鯨岡峻「保育者の専門性とは何か」『発達』No.83　Vol.21　ミネルヴァ書房　2000年　p.9

第9章 保幼小接続のポイント

●はじめのQ

　エピソード（1）では、ある保育園の体験活動について触れてあります。このような体験活動をした子どもたちは、この体験を小学校のどのような教科等の学びに生かしていくことができるでしょうか、考えてみましょう（考える時間の目安：3分）。

🖋 エピソード（1）　ある保育園の体験活動（年長／夏～秋）

　ある保育園での取り組みについて園長先生と話をする機会がありました。園では豊かな自然環境を生かした保育を特徴としているということです。

　8月のお泊まり保育では、お泊まりをした日の朝にみんなで海岸へ出かけ、波を見る、カニを見るという体験をしています。9月には栗拾いに行き、毬栗のなっている様子、毬栗の中にお店で見る栗が入っているということを知る体験をしています。また、田んぼの稲刈りを通して、普段食べているお米がどのように育っているのかを知る体験をしています。

●本章の学びのめあて

　園での体験は、子どもたちのその後の教育（学び）の基礎となって欲しいと願って行われています。その願いを小学校教育現場に届ける取り組みが現在「10の姿」をキーにして行われようとしています。子どもたちにとってスムーズな幼児教育と小学校教育の接続の視点を持てる保育者をめざしましょう。

第1節 「幼児期の終わりまでに 育ってほしい姿」から考える

1. 経験から育ちや学びへ

　子どもの遊びを見ていると、ひとつの遊びの中で色々な経験をしている様子が見受けられます。保育者は保育を計画するにあたり、ねらいを立て、それを達成するためにどのような経験が最もふさわしいのかという視点で活動や環境を考え、幼児と関わっていきます。今までの幼稚園教育要領等においては、そのねらいにより子どもの「心情・意欲・態度」が育っていくことが示されていました。

　2017年告示の新しい幼稚園教育要領では、「幼児教育で育みたい資質・能力」が育まれている子どもの5歳児後半に見られる姿として、「幼児期の終わりまでに育ってほしい姿」が示されました。小学校への接続をより意識したものとなっています。子どもにどのような資質・能力が育っているのかを保育者が知り、日々の保育を評価する軸となるものでもあります。

　たとえば、下記のようなエピソードをもとに考えてみましょう。

> ### ✎ エピソード (2)　生きていくために…（5歳児クラス／7月）
>
> 　朝、園庭に出るとセミが鳴いていました。虫取りあみを握りシンゴくんと、ヒロシくんがセミを追いかけています。すると、ふと「先生～あのセミとって－」と木の上を指差しました。
> 「ん？あれセミ…？セミだよね～鳴いてるもんね～」と思いながら虫取りあみで捕まえました。そして、あみの中をのぞいてびっくり!!
> 「うわぁー！カマキリがセミを食べている」
> 　その声にみんな集まってきました。衝撃的な光景に生命の厳かな世界をひしひしと感じる一同。保育者もかわいそうに思いましたが、子どもたちを観察することにしました。「セミがかわいそう」と心を痛めるシンゴくんとヒロシくん。すると、その横からミナトくんが、「カマキリも生きていかないといけないもんね。お腹すいたら死んじゃうもんね。仕方ないね」とカマキリの気持ちになって発言する姿がみられました。
> 　その言葉に、シンゴくんとヒロシくんは「そうだよね…」と答えました。

　この状況を領域「環境」のねらい・内容の視点から考察するというのが本

書の第5章の視点になります。本章ではもう一歩進めて、この経験をした子どもの中に「10の姿」の視点からみると何が育っているか、どのような学びへとつながっていったかということを考察してみましょう。

エピソード（2）の場合は、子どもが経験した内容や学びの姿として「自然との関わり・生命尊重」が挙げられることは誰もが考えうることと思います。領域「環境」と関係が深いのは、「社会生活との関わり」「思考力の芽生え」「自然との関わり・生命尊重」「数量や図形、標識や文字などへの関心・感覚」とされていますが、「10の姿」を深く読み込んでみるとすべてに関連すると考えられます。

保育者として大事なことは、「10の姿」と子どもが経験している内容や学びの姿を重ね合わせて理解できるようになることです。そして、その後の教育を見据えて、それが園生活においてそれきりの経験で終わるのではなく、今後の教育とつながりのある経験であることを保育者の側で認識し、質を高めていく工夫が求められます。小学校教育を行う側も、子ども達の幼児期の経験がどのように自分たちの教育につながるのかを意識し、お互いに「連携」するとともに、幼児教育と小学校教育をつないでいく「接続」が求められています。

2. 保幼小連携と接続カリキュラム

文部科学省も「連携」と「接続」という言葉を用いていますが、具体的には次のように定義されています。

「連携」とは、保幼小の施設面や組織面をつなぐこと
「接続」とは、保幼小の教育課程に組み込まれた実践面をつなぐこと

その内容については、主な例として次のようなものがあります。

「連携」	**「接続」**
・幼児と児童の交流活動、施設訪問 ・保幼小の教員の交流や研修 ・教育課程（幼稚園教育要領等、小学校学習指導要領）の相互理解	・幼児期後半におけるカリキュラム ・小学校入門期におけるスタートカリキュラム

幼稚園教育要領の中では、「小学校教育との接続に当たっての留意事項」として次のように示されています[1]。

幼稚園教育要領

第1章 総則 第3 教育課程の役割と編成等

5 小学校教育との接続に当たっての留意事項

（1）幼稚園においては、幼稚園教育が、小学校以降の生活や学習の基盤の育成につながることに配慮し、幼児期にふさわしい生活を通して、創造的な思考や主体的な生活態度などの基礎を培うようにするものとする。

（2）幼稚園教育において育まれた資質・能力を踏まえ、小学校教育が円滑に行われるよう、小学校の教師との意見交換や合同の研究の機会などを設け、「幼児期の終わりまでに育ってほしい姿」を共有するなど連携を図り、幼児教育と小学校教育の円滑な接続を図るよう努めるものとする。

　同様の内容は、保育所保育指針の第2章の4　保育の実施に関して留意すべき事項の（2）小学校との連携のア・イに示されています[2]。また、幼保連携型認定こども園教育・保育要領においても、同様の内容が第1章の第2教育及び保育の内容並びに子育ての支援等に関する全体的な計画等の1の（5）小学校教育との接続に当たっての留意事項のア・イに示されています[3]。

　小学校学習指導要領においては、「学校段階間の接続」を次のように示しています[4]。

小学校学習指導要領

第1章 総則 第2 教育課程の編成

4 学校段階等間の接続

（1）幼児期の終わりまでに育ってほしい姿を踏まえた指導を工夫することにより、幼稚園教育要領等に基づく幼児期の教育を通して育まれた資質・能力を踏まえて教育活動を実施し、児童が主体的に自己を発揮しながら学びに向かうことが可能となるようにすること。

　　また、低学年における教育全体において、例えば生活科において育成する自立し生活を豊かにしていくための資質・能力が、他教科等の学習においても生かされるようにするなど、教科等間の関連を積極的に測り、幼児期の教育及び中学年以降の教育との円滑な接続が図られるよう工夫すること。特に小学校入学当初においては、幼児期において自発的な活動としての遊びを通して育まれてきたことが、各教科等における学習に円滑に接続されるよう、生活科を中心に、合科的・関連的な指導や弾力的な時間割の設定など、指導の工夫や指導計画の作成を行うこと。

　これらの内容はあくまでも「接続」に関しての内容であり、スタートカリキュラムの作成という段階の話です。なぜ、このような「接続」の必要性が

うたわれるようになったかというと、小1プロブレム（小学校に入学したばかりの1年生が授業中に座っていられない、話を聞かない、集団行動が取れないなどの状態が数か月間継続する状態）、異年齢間の交流が少なくなったことなどの問題が挙げられます。また、下記のような例も「接続」が必要と思われる象徴的なエピソードです。

エピソード (3)　小学校の現場に言いたいこと（小学校1年生／4月）

　ある保育園の園長先生と小学校の教師が、保幼小連携の取り組みについて話をしていたときのことです。保育園側から小学校側に伝えたいことはないかと質問したところ、「あります！トイレについては特に」と言われました。
　保育園では、保育中でもトイレに一人で行くことを「よくできたね」と褒めます。ところが、小学校に入るやいなやトイレは休み時間のみに限定され、授業中にその子が保育園の感覚でトイレに行こうとすると、今まで褒められていたことが叱られることに変わってしまうのです。

　幼児教育、小学校それぞれにおいて「接続」が模索されていますが、その前段階である「連携」の取り組みはすでに現場では始まっています。その具体例について次節で述べます。

第2節　小学校等との連携、小学校の教科等とのつながり

1. ある小学校とある保育園の連携

　乳幼児と児童の育ちと学びのつながりを共有していくためには、園と小学校で共有の場を持つことが必要となります。実際に筆者らが連携を行っている小学校・保育園のその取り組みについて話をうかがった一例について、その実態と効果についての分析をあげます。

（1）小学校側から

　今までの取り組みとして、例年2年生が生活科の中で遊びを考えて、保育園児を招き体育館で遊ぶという連携を行ってきました。もっと積極的に幼児

教育側と連携をしようということで、下記のような交流を追加したということでした。

> ・もっと積極的に、特に1年生が保育園の園児と関わる機会をということで、1年生が保育園を訪問し、園児達（5歳児）と共にどんぐり拾いに生活科の一環で「地域を知る、自然を知るという観点」を取り入れた。
> ・さらに1年生のみならず学校全体で保育園と連携していくという意味合いで、体験入学を取り入れた交流を行うようになった。

　校長先生のお話では連携によりお互いを知るということに主眼を置いており、これをもとに今から「接続」としてのカリキュラム構築へとつなげていきたいというお話でした。では、このような交流を行ったメリット（保育園に直接出向いて、園児たちと児童が関わることの）が目に見える形であったかについて尋ねたところ、下記のような返答がありました。

> ・1年生が保育園児に対して、お兄さんお姉さんとしての役目を話していく。これは園における年長さん時に果たしていた役目の継続であり、その経験が小学校では一番年下という幼児帰りの抑制へとつながった。
> ・園児の0～5歳児までの幅広い成長を児童が見ることにより、児童自体が自分の成長を発達に応じて振り返るということが可能になった。
> ・上級生が1年生への世話を積極的に取り組む姿（例えば昼休みに上級生が1年生の手を取りながら一緒に遊ぶ、ブランコ遊びをする時には上級生が背中を押してあげる等）が見られるようになった。
> ・「10の姿」と小学校でつけたい力の整理を行い、その2つを結びつける考えを持ったところ、環境学習がスタートカリキュラムとして効果が薄かったことが反省として出てきた。そこで、子どもたちの幼児教育での経験を生かした学びの基礎を作っていくという観点から、以下のことを今後考えていきたという見通しが立っている。生活科における虫探し（虫探しが好きだった子どもの経験）、図画工作におけるスケッチ大会の可能性（絵を描く事が好きだった子どもの経験）、特別活動における花壇の世話（花壇の世話が好きだった子どもの経験）など。

（2）幼児教育（保育園）側から

　保育園の園長先生がもともと小学校の校長先生であったということもあり、連携を取りやすい人的環境ではあるという一面はあるようです。さらに最近になって始めた小学校との連携について、次のようなことを挙げられました。

・保育園だより、小学校だより、中学校だよりの交換。
（言語化して園・学校のもつ園児・児童の情報を保護者に発信しているものなので、それを利用しない手はないという考え）
・保育園のイベントへ卒業生への参加を呼びかけている。
（具体的にはお泊まり保育等に小学生の参加を呼びかけている、夏休み期間なので参加しやすい）
・小学校の教頭先生が毎月園に足を運び情報交換を行い、園の保育等を実際に見る機会にもなっている。
・どのような園外保育をしているかもわかる。

　小学校と連携を始めて、つかみかけているものをどうカリキュラムに落とし込んでいくか、ということを現在思案中であるということでした。
　そして、実際に連携を行ったことによるメリットについては、次のようにお話をされていました。

・情報の交換を行うようになり、卒園生の追跡がしやすくなった（特に気になる子どもにかかわる情報等）。
・お泊まり保育等への卒園生の参加は、卒園生が園児たちへ手本を見せてくれるという一面、子どもたちができるようになったことが実際保育者の目の前で見られる（保育者・園側に視点を与えてくれる）。
・実際に小学校の教員が保育を実際に見る機会があることにより、子どもたちが経験をして学んでいっていることを肌で感じ、それを小学校の教科における視点に落とし込んでいくことを共有できる（たとえば、泥んこ遊びで経験していることを生活科の学びと関連づける）。
・領域「環境」としての、季節ごとの木の実や虫への関心をもつという体験が、子どもの中に想像力、創造力、探究心を育てていることについて共通理解ができた。これが小学校の学びの基礎となっていることが確認できた。

　さらに子どもの姿を通して、保育園側として小学校教育に期待したいこととして次のようなことも述べられました。

・子ども達にもっと任せて欲しい（初めてだろうという意識が小学校側に強いのかもしれないと感じている）。子ども達はもっと責任感があるという認識を持って欲しい。交流（連携）の中で情報交換していき、どこまで子どもたちに期待していいのかを共有したい。
・小学校でも学年間の接続というものがあり、それはできていると感じている。そのメカニズムが保幼小でもできると感じているので、そのメカニズムをしっかりと構築していきたい（ただし、現在は3月に小学校と情報交換等を行うようにしているが、小学校は先生方の転勤が有りせっかく伝えてもその方がいらっしゃらなくなるケースもある。そのため5月に意見交換するという案も考えているが、子どものことについて意見交換をするならどちらがいいか思案中である）。

　小学校と保育園が共に連携を行い、それをカリキュラムに落とし込んでいこうと努力している様子がうかがえます。その中身は、どちらの教育現場も幼児・児童がどのような保育・教育を受け、その世界にどのように入り込んでいったかの見方・視点というものを、保育者・教員の中に育てていかねばならない、という思いを強く持っていることがうかがえます。

2. 小学校の教科等とのつながり

　小学校との接続（幼稚園教育要領等）、学校段階間の接続（小学校学習指導要領）の中に「円滑な接続」という言葉が出てきます。それは、今までの経験をなかったこととし、0からのスタートという意味でないことは言うまでもありません。子どもたちが園でどうやって過ごしてきたのか、どのような経験をしてきたのか、どんな資質・能力を身につけてきたのか、を意識してそれぞれの段階の生活・教育方法に対応していけるようにするのかを考えていくことと言えます。

　先ほどの小学校においては、入学後1週目から授業を組み込むという今までの考えを変えて、保育園側と情報共有したことをふまえて、1週目では読み聞かせの時は椅子や机に座るのではなく、幼稚園・保育園の時のように床に座って前に来て話を聞くというようなやり方を導入しているということです。そのような指導の配慮の必要性や柔軟性が求められているということです。

　そして、その中心的な橋渡し的な教科として1989（平成元）年に新設された「生活科」が存在します。ここでは、保幼小連携・小学校の教科とのつながりという意味で生活科について学びましょう。

（1）生活科とは

　生活科は、具体的な活動や体験を学習の一環としているところに特色があります。2017（平成 29）年の小学校学習指導用要領の改訂によって生活科の目標は次のように示されています[5]。

小学校学習指導要領

第 2 章　各教科　第 5 節　生活

第 1　目標

　具体的な活動や体験を通して、身近な生活に関わる見方・考え方を生かし、自立し生活を豊かにしていくための資質・能力を次のとおり育成することを目指す。

（1）活動や体験の過程において、自分自身、身近な人々、社会及び自然の特徴やよさ、それらの関わり等に気づくとともに、生活上必要な習慣や技能を身に付けるようにする。

（2）身近な人々、社会及び自然を自分との関わりで捉え、自分自身や自分の生活について考え、表現することができるようにする。

（3）身近な人々、社会及び自然に自ら働きかけ、意欲や自信をもって学んだり生活を豊かにしたりしようとする態度を養う。

　今回の改訂では、目標の（1）～（3）が生活科教育によって育てたい資質・能力を「知識及び技能の基礎」「思考力、判断力、表現力等の基礎」「学びに向かう力、人間性等」としています。本来であれば小学校教育で育てたい資質・能力は「知識及び技能の習得」「思考力、判断力、表現力等の育成」「学びに向かう力、人間性等の涵養」なのですが、そうなっていないところに、生活科が教育課程において、幼児期の教育と小学校教育とを円滑に接続する機能を持つことを明示しているのです。

　小学校学習指導要領解説生活科編の中に保育内容（環境）とつながるものとして、下記のような事例が書いてあります。

　「水道から樋をつないで水を流そうとして、水がこぼれないような仕組みを幼児同士で何度も試したりすることや、自分たちで考えた話を人形劇にして年少の幼児に見てもらおうと、身近にあるダンボールで舞台を作ったり、紙やテープなどの素材を生かして、色や形を工夫して飾りつけた小道具を作ったりすることなど、小学校以降の学習の基盤は幼児の姿の中に確かにある。そうした学びを、小学校の生活科を中心とした学習において発揮できるようにし、児童の思いや願いをきっかけとして始まる学びが自然に他教科等の学習へとつながっていくようにすることが、幼児期における遊びを通した総合的な学びから他教科等における学習に円滑に移行することである」[6]。

（2）低学年のその他の教科等

　2017（平成29）年の小学校学習指導要領改訂に当たり、幼児期の教育との連携や接続を意識したスタートカリキュラムは、生活科固有の課題としてではなく、教育課程全体を視野に入れた取り組みとすることがさらなる学習の充実を図るとされています。したがって、低学年の各教科等（国語科、算数科、音楽科、体育科、特別活動）においても、幼児期の教育との接続及び入学当初における生活科を中心としたスタートカリキュラムについての規定が明記されています。

　保育者もそうした考え方を理解し、長期的な視点から保育を担っていく必要があります。しかし、それは小学校教育における国語科、算数科等の教科教育の前倒しとしての指導では決してありません。あくまでも遊びや生活を通してという視点を大切にし、幼児にとって身近な環境を通して文字や数量等に触れ、その感覚を豊かにしてくことが重要なのです。

第3節　まとめ　―連携と交流―

1. 子どもたちの育ちと学びの共有

　幼児教育は幼児教育、小学校教育は小学校教育と切り離すのではなく、子どもたちがどのような経験をし、その経験をどのような学びにつなげているのか知ろうと努力すること。これが本来の「連携」の大きな意味です。先に紹介した小学校の校長先生は、「連携」をはじめスタートカリキュラムを実際に導入してみて目に見えた成果として、「児童がどのような保育・教育を受けたのかを知るという見方・視点」が教員側に育ったことが最たる成果であると述べています。

　その結果として、スタートカリキュラムをどのように他教科へつなげていくのかについても、教科の内容ではなく、本質的な児童の見方・考え方を育てたいということを主流に置くようになりつつあります。ひいては、学校全体の教育として、教師の見方・視点を変えていくことがスタートカリキュラムを導入し、幼児教育と連携することによって得られていくと考えられます。

　現在保育を学んでいる平成生まれのみなさんは、実際に小学校において生活科を学んでいます。そうした教科の学びから、幼児教育を小学校教育につなげていく可能性を持った人たちだと思います。

　子どもたちの育ちと学びを共有することで、園での経験を活かした授業を

作ることができるようになります。そのことによって、子どもの経験が保幼小を通して連続したものとして子ども自身の中にも意識付けられ、資質・能力（特に「思考力、判断力、表現力等」）が一層育ちやすい環境となるのではと期待します。

２. より一層の共有を図るために

　幼児教育と小学校教育の連携と一言にいっても、実情としては、１つの学校に複数の幼児教育の現場から児童が入学してくるということが多いと思います。個々の園での取り組みだけでは限界があるとも言えます。そこで、市町村単位など地域の複数園合同で連携を行えばより共有を図ることができます。しかし、幼児教育と小学校教育のそれぞれの立場を理解しながら共有を図らないと難しい一面もあることも確かです。そのつながりのキーとして、「10の姿」をもとに育ってきた力、育てたい力を共有しながら今後の保幼小「連携」「接続」を進めていただきたいと期待しています。

演習課題

①まとめの演習課題

　保幼小の連携はできることから少しずつ進めていくことが重要です。その例について本章では具体的に挙げてきました、

１．領域「環境」として、子どもたちに小学校就学を見すえてどのような経験をする園内の活動があるか挙げてみましょう（「10の姿」の中で「環境」に関係深いもの「社会生活との関わり」「思考力の芽生え」「自然との関わり・生命尊重」「数量や図形、標識や文字などへの関心・感覚」を中心に考えてみるとよいと思います）

２．その活動は、将来的に子どものどのような学びの基礎となっていくと予想しますか？　あなたの考えを挙げてみましょう。

②発展的な演習課題

　幼児教育における砂場遊びと、小学校の生活科の一環として行う砂場遊びには、学びの内容として違いがありそうです。幼児教育の先生の立場から幼児にどのような経験（学びの基礎）が得られるか、小学校の先生の立場から児童にどのような学びが得られるか、それぞれ考えてみましょう。

【引用文献】
1）文部科学省『幼稚園教育要領解説』2018 年　p.90-93
2）厚生労働省『保育所保育指針解説書』2018 年　p.288
3）内閣府・文部科学省・厚生労働省『幼保連携型認定こども園教育・保育要領解説』
　　2018 年　p.21
4）文部科学省『小学校学習指導要領』2017 年　p.83
5）文部科学省『小学校学習指導要領解説生活編』2018 年　p.8
6）同上書　p.61

【参考文献】
無藤隆『10 の姿プラス 5・実践解説書』ひかりのくに　2018 年
斎藤雅志『三川版「保幼小連携・接続カリキュラム」の実践』ブイツーソリューション
　　2019 年
NPO 日本標準教育研究所『今すぐできる　幼・保・小連携ハンドブック』日本標準
　　2009 年
文部科学省・国立教育政策研究所教育課程研究センター編『発達や学びをつなぐスター
　　トカリキュラム』学事出版　2018 年

第10章 これからの保育内容・環境

●はじめのQ

　最後の章になりました。子どもの姿と保育における環境について学んできて、あなたはどんなことを今感じていますか？　感じていることを箇条書きでいいので書いてみましょう。

・ ....

・ ....

エピソード（1）　子どもはどこで遊んでる？（4歳児クラス／5月）

あそびましょ～♪

　少子高齢化の時代です。園以外の場所で子どもたちはどこで遊んでいるのでしょう。降園後、お友だちの家に行って「○○ちゃん、あーそーびましょー」というかけ声が聞かれなくなってしまいました。そのような経験をしたことのない若い保育者（人）もいるかもしれませんね。

●本章の学びのめあて

　最後の第10章では、これまでのことを踏まえて保育実践をする際に考え、押さえておきたいことを学びます。直接日々の保育に関わることばかりではありませんが、子どもを取り巻くあらゆる環境とその変化については敏感であってほしいと思います。子どもの最善の利益を考慮し、保育者としての役割を十全に果たして行くために必要なことだからです。

第1節　子どもを巡る環境の変化

1．人口の減少

　子どもの人口は今も減り続けています。総務省が毎年公表する15歳未満の子どもの推計人口（2019年4月1日現在）は1,553万人で1982年から37年連続の減少です。2019年（平成30）の総人口に占める子どもの割合は12.3%。（図10−1）しかし、1,553万人の内0〜5歳の乳幼児は590万人なので、総人口に占める割合は4.7%と5%に満たないという結果になります。きょうだいもいない、近所でいっしょに遊ぶ友だちも多くない状況です。

　では、友だちと遊んだりして過ごす時間と場所はどこにあるのでしょう。極端な言い方ですが、日中通っている幼稚園や保育所だけという場合もあります。つまり、保育施設や保育者の役割は、今後ますます大きくなるということです。子どもの生きる力が育まれ、生き生きと遊べる環境を作るために保育者はどうしたらいいのでしょうか。

日本の出生数は、2016年に百万人を切って97万人に。2019年には90万人も切って86万人になりました。

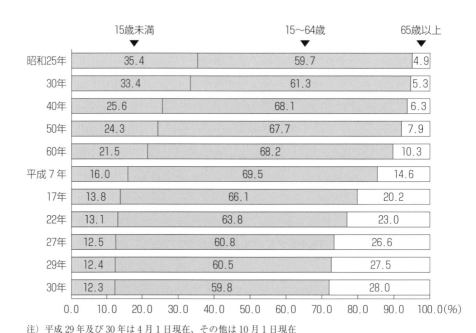

	15歳未満	15〜64歳	65歳以上
昭和25年	35.4	59.7	4.9
30年	33.4	61.3	5.3
40年	25.6	68.1	6.3
50年	24.3	67.7	7.9
60年	21.5	68.2	10.3
平成7年	16.0	69.5	14.6
17年	13.8	66.1	20.2
22年	13.1	63.8	23.0
27年	12.5	60.8	26.6
29年	12.4	60.5	27.5
30年	12.3	59.8	28.0

注）平成29年及び30年は4月1日現在、その他は10月1日現在

図10−1　年齢3区分別人口の割合の推移

出典：総務省「国勢調査」及び「人口推計」2018年

2. 不慮の事故

少子化でなかった明治、大正の時代は、千人生まれても 150 人以上の赤ちゃんが亡くなっていました。しかし、今の日本の乳児死亡率は、世界で 1、2 位を争うほど低くなりました。公衆衛生や衛生環境の向上、保健福祉制度の充実、社会経済状態の発展による生活水準の向上、栄養状態や食生活の改善、医療や医学の進歩、予防接種の開発と普及、安全で効果の高い薬の開発、国民の健康に対する意識の高さなどにより、昔と比べて赤ちゃんは本当に死ななくなったのです。

しかし、驚くべきことは、不慮の事故による乳児死亡率が他の先進国と比較して日本は高いということです。子どもが世界一安全に生まれる国であっても、決して安全に育つ国ではないというのが日本の現状です。日本の小児救急医療体制や小児医療体制の整備の遅れ、小児科医不足などが原因として考えられます。しかし、一方で不慮の事故といういわゆる交通事故、溺水、窒息、転倒・転落、熱（火）傷などによる事故は、防げる場合も多い事故といってもいいでしょう。（表 10 - 1）。

表 10 - 1　わが国の子どもの死因順位（0 ～ 9 歳）

	0歳	1～4歳	5～9歳
第1位	先天奇形等	先天奇形等	悪性新生物 (腫瘍)
第2位	呼吸障害等	不慮の事故	不慮の事故
第3位	不慮の事故	悪性新生物 (腫瘍)	先天奇形等
第4位	乳幼児突然死症候群	心疾患	その他の新生物（腫瘍）
第5位	妊娠期間等に関連する障害	肺炎	心疾患 インフルエンザ

出典：厚生労働省「人口動態統計」2018 年から筆者作表

保育施設等での事故も少なくありません。しかも園外より園内、遊戯室や廊下より保育室での事故の方が多いという報告です。保育施設等は、危険認知や判断能力の未熟な子どもたちが大勢の集団で長時間を過ごす場所です。「気づくのが遅い」と言って保育者の責任にするのではなく、事故を未然に防ぐ、事故を起こさない環境づくりの方がはるかに大切です。十分な配慮と細やかな対策を考えることのできる保育者の資質が求められています。

3. 3.11 以降の福島、東北

2011（平成 23）年 3 月 11 日の東日本大震災を天災と呼べば、翌 3 月 12

日の福島第一原子力発電所1号機での水素爆発事故は人災とも言われています。その2日後には3号機、3日後には4号機も爆発して、周辺のコミュニティは完全に崩壊しました。そして、かろうじて保育を継続した施設で、子どもたちは長い間戸外遊びを禁止されました。それで国内外から室内で遊べるクライミングウォールや砂場などが寄附されましたが、自然そのものとの交流はほとんど遮断されてしまいました。

　その後除染が進み、戸外遊びが少しずつ再開されると今度はどうでしょう。除染が終わり園庭で遊べるようになったにもかかわらず、子どもたちに砂で遊べない、泥だんごを作れない、虫を怖がるなどの症状がみられました。これは「自然剥奪症候群（Nature Deprivation Syndrome）」と名付けられ、この症状克服のために保育者たちの尽力が今も続いています。原発事故がもたらした子どもの育ちへの影響がどんなに大きなものだったのかがよくわかる事例です。

4. スクリーンメディアによる被害

　被災地でなくとも、子どもの育ち・健康への被害は広がっています。いわゆるスマートフォン（スマホ）に代表されるスクリーンメディアによる影響です。スマホを見ている時間が長くなると、乳幼児期に大切な体を使う活動の機会や時間が減少してしまい、固視や眼球運動、調節の発達、さらに目と手の協応作業の発達を妨げてしまいます。WHO（世界保健機関）は2019年4月に子どもの健康な成長のためには、座る時間を減らして遊ぶ時間を増やさなければならないと勧告を出しました。スマホは他にも近視への影響、斜視と両眼視機能への影響、そしてブルーライトと睡眠への影響があるとのことです。科学技術の発展は、必ずしも子どもの発達に良い影響を与えるものばかりとは言えないようです。

5. まとめ

被災地で戸外遊びを禁じられていた子どもに限らず、全国的・統計学的に有意に肥満が進んでいると言われています。また、福島では発電所に近いほど甲状腺ガンが明らかに多く誘発されています。政府は発電所事故による放射能汚染による因果関係はないと主張していますが、そのうち科学的根拠が示されることも考えられます。

また、子どもの事故や健康被害が顕在化していること、その中には保育者の努力によって防げるものを少なくないことを私たちは知るべきです。子どもの最善の利益のためにお互いに知恵を出し合っていくことが求められています。

第2節　子どもの貧困と虐待

1. 貧困

2015年9月の国連サミットで採択された2030年に向けて世界が合意した「持続可能な開発目標」いわゆる SDGs というものがあります（第4章の89・90ページを参照）。17のゴール・169のターゲットから構成されています。そのトップ、最初の目標が「貧困をなくそう」（No Poverty, End poverty in all its forms everywhere）です。なぜ貧困はなくならないのでしょうか。これは世界的な大問題です。

さまざまなところで SDGs は広がっています！

貧困というと「飢え」や「住宅の欠如」などを想起させます。しかし、それは「絶対的貧困」という「生存」レベルの理解です。もう一つ「生活」レベルで理解しようとする「相対的貧困」という比較的に新しい考え方があります。今は後者の考え方が国際的に定着してきました。次の①～③に焦点を当てて検討していくことが基本的な枠組みとなっています。

①キャピタル（所得や資産など経済的資本・物的資源）の欠如…最重要
②ヒューマンキャピタル（健康や教育など人的資本）の欠如
③ソーシャルキャピタル（つながりやネットワークなど社会関係資本）の欠如

　この3つすべてが重なるところが最も困難を抱えた層になります。お金がないという経済的な問題が様々な不利、たとえば衣食住、医療、心理的ゆとり、遊びによる多様な体験、適切な学習環境にまで不利な影響を及ぼします。成長と発達の著しい子ども時代にこのような状態に陥ると、貧困が子どもの能力の伸長を阻み、進学の可能性や選択肢を奪い、希望まで失わせてしまいかねません。そして、人や社会との関係まで断ち切ってしまいかねません。さらには貧困の世代的再生産（世代間連鎖）が危惧されるわけです。

2. 子どもの相対的貧困率

　日本における子どもの貧困の問題は決して小さくありません。子どもの相対的貧困率という指標があります。等価可処分所得の中央値の半分である「貧困線」を下回る所得しか得ていない者の割合がそれです。これによると日本は 2015（平 27）年で 13.9％です（全年齢層の相対的貧困率は同年 15.7％）。実数にして 300 万人余ですから 6〜7 人に 1 人の子どもが貧困線に満たない暮らしをしているということになります。これは OECD（経済協力開発機構）加盟国 34 か国中 10 番目に高い 25 位です（Family database "Child poverty" 2014 による。ちなみに 1 位のデンマークは 3.7％）。子ども食堂の必要性が叫ばれる理由もこのデータから考えればよくわかります。

3. 児童虐待について

　貧困と児童虐待を直接結びつけるのは、多少無理があるかもしれません。しかし、日本の子どもの貧困の状況を考えるとき、それがある種の引き金になって虐待を生み出し、死亡に至る子どもの少なくないことを私たちは知っておくべきです。

　「子ども虐待による死亡事例等の検証結果について（第 15 次報告）」（令和元年 8 月）によると、心中以外の虐待死は年間 52 人で、その内 28 人（53.8％）が 0 歳児でした（表 10 - 2）。この 28 人のうち 14 人（50％）の月齢は 0 か月児です。さらに、この 52 人を死亡させた主たる加害者については 25 人（48.1％）が実母です。メディアでは報じられない現実にも、保育者は目を向けなければなりません。親たちが抱える問題に共に向き合い、理解と支援

表10−2　子ども虐待による死亡事例

厚生労働省が、都道府県、指定都市及び児童相談所設置市（以下「都道府県等」という。）に対する調査により把握した、平成29年4月1日から平成30年3月31日までの間に発生し、又は表面化した子ども虐待による死亡事例58例（65人）を対象とした。

区分	第15次報告			（参考）第14次報告		
	心中以外の虐待死	心中による虐待死（未遂を含む）	計	心中以外の虐待死	心中による虐待死（未遂を含む）	計
例数	50（23）	8（0）	58（23）	49（18）	18（2）	67（20）
人数	52（23）	13（0）	65（23）	49（18）	28（3）	77（21）

※未遂とは、親が生存したが子どもは死亡した事例をいう。
※（　）内は、都道府県等が虐待による死亡と断定できないと報告のあった事例について、本委員会にて検証を行い、虐待死として検証すべきと判断された事例
出典：厚生労働省「子ども虐待による死亡事例等の検証結果等について（第15次報告）」（令和元年8月）

のできる保育者の存在が、今の時代ますます必要になっています。

第3節　海外の幼児教育・保育の環境に学ぶ

　海外に目を向ければ、注目すべき保育実践がいくつもあります。すでによく知られていますが人的環境の視点から再認識しておきましょう。

1. レッジョ・エミリア市の保育実践（イタリア）

　イタリアのレッジョ・エミリア市（Reggio Emilia）の保育実践は、1990年代から世界的に知られ、日本でも「子どもたちの100の言葉」「子どもは探究者（researcher）」というキーワードとともに注目されてきました。2020（令和2）年はこれを支えてきたローリス・マラグッツィ（Malaguzzi, L.）の生誕100年ということで、これからも学ぶ機会は多いでしょう。

　レッジョ・エミリア市の保育実践から教えられることは、保育者という人的環境のあり方についてです。「聴く」という意味は、単に子どもの言葉を拾って記録することではなく、子どもの探究を多様な次元で聴こうとすることだと言います。そこに「保育者は教え、子どもは学ぶ」という力関係はありません。反対にそのような関係はひっくり返されています。「問い直す」あるいは「出会い直す」という思想がそこにあるのです。保育が行われている実際の現場で起きている出来事の中にある「不確かさ」を受け止め、問いなが

ら、協働的な学びを展開していく。そこに社会の多様性や豊かさに出会う学びがあるという哲学です。

秋田喜代美氏は、フランチェスカ・ビアンキ氏の言葉を引用して、保育者は子どもの問いにすぐ答えを与えるのではなく、「子どもの問いの意図や背景の文脈を聴き取り、どのように子どもの問いに対してさらに良質な問いとして問い返すことができるか、またどのように一つの答えを与える以上により深い探究を生み出すことができるのか。そこに保育者自らも子どもと共に問う姿勢が生まれるのだろう」[1]と書いています。つまり、保育者という人的環境のあり方を自ら厳しく問い直し鍛え上げることが、保育者に求められているということです。

「聴く」って実はむずかしいね。

2. テ・ファリキというカリキュラム（ニュージーランド）

ニュージーランドのテ・ファリキというカリキュラムも世界的に注目されています。テ・ファリキ（Te Whāriki）とは「編み上げられたもの」を意味するマオリ語です。誰もが乗れる「マット（織物）」のように、すべての保育施設が拠り所にできる原理であるというのです。

テ・ファリキでは、子どもが有能で自信に満ちた「学び手としての自己」を確立できるよう援助するための道筋として、保育における4つの基本原理と5つの学びの成果の領域というものを掲げています[*1]。これらが密接に結びつけられ、編み上げられているカリキュラムがテ・ファリキなのです。

ここではブロンフェンブレナー（Bronfenbrenner, U.）が提唱した「学びの階層」理論における4つのレベルを紹介します。子どもの学びは4つのレベル（階層）で展開されるというのです。この4つのレベルは、4つの環境と言い換えてもいいでしょう。すなわち、①学び手が直接関わり学んでいる学習環境、②（その環境を取り巻く）家庭・家族や他の大人たちとの関係、③ケアし教育する大人の能力に影響を与える環境、④子どもと保育に関する社会的信念です。それらのことから保育者というのは、子どもだけでなくその背後にいる家族や社会そして文化にも広く目を開く必要があること。そして、有能な学び手である子どもにとって最も相応しい保育環境を構成できなければならないと教えています。

また、テ・ファリキではカリキュラムに合致したアセスメント（評価）の

*1
4つの基本原理：①エンパワーメント、②家族や地域、③発達の「全体性」、④関係性。
学びの成果の5領域：①所属（Belonging）、②心地よさ（Wellbeing）、③探究（Exploration）、④コミュニケーション（Communication）、⑤貢献（Contribution）。

方法として、学びの物語（ラーニング・ストーリー）やポートフォリオという考え方を提起しています。noticing(気づく)、recognising（認める）、responding（応答する）、recording（記録する）、revisiting（読み返す）、reflecting（振り返る）という学びの物語をポートフォリオとして保存できれば、子どもや家族だけでなく幼小連携への貢献にもつながります。

他にもフィンランドのネウボラ（neuvola）やスウェーデン、デンマークの教育・保育システムなどから私たちは多くを学べるでしょう。これらを謙虚に認め、国内からもっと外の世界へ目を向けて、学び続ける姿勢を私たちは持つべきです。

保育者という人的環境の重要性は、このようにいくら強調しても強調しきれません。逆に言えば、それだけ可能性を秘めた仕事だといえるのです。

第4節　まとめ
―現代的課題と保育構想の向上―

1. 子ども観と日本国憲法

世界の優れた保育実践から学ぶ一方で、私たちは日本の保育界に山積している現代的な課題にも直面しています。日本の子どもたちをこの地で健やかに育たせるためには何を大切にし、どのような保育環境を構想していけばよいのか。共に考えながら保育内容「環境」の締めくくりとします。

まずは保育者自身の子ども観の点検です。子どもという存在を私たちはどのようにとらえているでしょうか。憲法第11条と13条はこのことを考えるうえで非常に重要です。

日本国憲法

11条　国民は、すべての基本的人権の享有を妨げられない。この憲法が国民に保障する基本的人権は、侵すことのできない永久の権利として、現在及び将来の国民に与へられる。

13条　すべて国民は、個人として尊重される。生命、自由及び幸福追求に対する国民の権利については、公共の福祉に反しない限り、立法その他の国政の上で、最大の尊重を必要とする。

「人」としてではなく、「個人」として尊重されるということ。ここ大きな違いです。

一人一人はみなユニークでかけがえのない存在であること。子どもであっても各々が主体的に生き、幸福を追求する権利の主体者であること。つまり、みな「個人」として尊重されることを再確認したいのです。子どもは無知で無能な存在だから、教育・保育を「してあげなければならない」というような子ども観では決してありません。

2. 保育観を真摯に振り返る

　どのような子ども観をもつかで、そのうえに築き上げられる保育観は変わります。前述の子ども観に立てば、自ずから子どもの意欲や自発性を尊重した保育になります。そしてそれは個性的にならざるを得ません。画一的に、子どもを束ねて教化する（教え化かす）保育にはならないはずです。そして、個性豊かな子どもたちの善さを引き出すためには、周到に考え抜かれた保育環境が構成されなければならないのも当然です。保育者の腕のみせどころはここに発揮されると言えます。決して隣りのクラスの先生と比較したり、先生同士競争するような保育にはなりません。このテキストから学んで身につける保育のスキル、そして、保育環境の構想力をワンチームになって積み上げていくことが大切です。そうすれば保育の質は確実に向上します。

3. 社会観・世界観、そして平和の問題

　保育という仕事は、自分の勤めている園内で完結するものではありません。子どもは社会・文化という大きな環境の中で育っていくことから、保育者も自分の社会観や世界観を広げていくことが求められます。日本の政治や経済にも関心をもってその動向を見守り、必要な時は行動すべきです。「全国保育士会倫理綱領」に「利用者の代弁」という項目があります。これにしたがえば、たとえば国の保育政策が子どもや保護者のニーズのためになっていないと判断すれば、賛同者とともに社会的な運動を起こしたり、世の中に発信したりしていく。これも、保育者の重要な役割と認識すべきです。

　現在、日本では憲法改正の動きがあります。これは戦後の国会審議の中で最重要事項です。国民一人一人が真剣に考えなければなりません。平和主義を高く掲げてきた日本が今後どうなるか、アジア諸国だけでなく世界中が注目しています。日々預かっている子どもたちの将来にどんな社会・世界を用意してあげられるのか、自分は保育者としてどんな努力をしたのか、これから問われることになります。

　最後に、2019（令和元）年11月にローマ教皇として38年ぶりに来日した

全国保育士会倫理綱領

　すべての子どもは、豊かな愛情のなかで心身ともに健やかに育てられ、自ら伸びていく無限の可能性を持っています。

　私たちは、子どもが現在（いま）を幸せに生活し、未来（あす）を生きる力を育てる保育の仕事に誇りと責任をもって、自らの人間性と専門性の向上に努め、一人ひとりの子どもを心から尊重し、次のことを行います。

　　・私たちは、子どもの育ちを支えます。

　　・私たちは、保護者の子育てを支えます。

　　・私たちは、子どもと子育てにやさしい社会をつくります。

１．子どもの最善の利益の尊重

　私たちは、一人ひとりの子どもの最善の利益を第一に考え、保育を通してその福祉を積極的に増進するよう努めます。

２．子どもの発達保障

　私たちは、養護と教育が一体となった保育を通して、一人ひとりの子どもが心身ともに健康、安全で情緒の安定した生活ができる環境を用意し、生きる喜びと力を育むことを基本として、その健やかな育ちを支えます。

３．保護者との協力

　私たちは、子どもと保護者のおかれた状況や意向を受けとめ、保護者とより良い協力関係を築きながら、子どもの育ちや子育てを支えます。

４．プライバシーの保護

　私たちは、一人ひとりのプライバシーを保護するため、保育を通して知り得た個人の情報や秘密を守ります。

５．チームワークと自己評価

　私たちは、職場におけるチームワークや、関係する他の専門機関との連携を大切にします。

　また、自らの行う保育について、常に子どもの視点に立って自己評価を行い、保育の質の向上を図ります。

６．利用者の代弁

　私たちは、日々の保育や子育て支援の活動を通して子どものニーズを受けとめ、子どもの立場に立ってそれを代弁します。

　また、子育てをしているすべての保護者のニーズを受けとめ、それを代弁していくことも重要な役割と考え、行動します。

７．地域の子育て支援

　私たちは、地域の人々や関係機関とともに子育てを支援し、そのネットワークにより、地域で子どもを育てる環境づくりに努めます。

８．専門職としての責務

　私たちは、研修や自己研鑽を通して、常に自らの人間性と専門性の向上に努め、専門職としての責務を果たします。

社会福祉法人　全国社会福祉協議会

全国保育協議会

全国保育士会

フランシスコ教皇と、同年12月にアフガニスタンで銃撃されて亡くなったペシャワール会の中村哲医師の言葉を引用して終わります。

　紛争の正当な解決策として、核戦争の脅威による威嚇をちらつかせながら、どうして平和を提案できるでしょうか。…真の平和とは、非武装の平和以外にありえません。それに、「平和は単に戦争がないことでもな〔く〕、…たえず建設されるべきもの」（第二バチカン公会議『現代世界憲章』78）です。
（2019.11.24　フランシスコ教皇の広島でのスピーチ）

憲法は我々の理想です。理想は守るものじゃない。実行すべきものです。
（2019.12.5　毎日新聞に引用された中村さんの言葉）

演習課題

①まとめの演習課題
　海外の保育に学ぶことが多いことはあなたも認めるところでしょう。さあ、ではどの国の保育を学びに日本を脱出しましょうか。一つの国を選んで海外研修の準備にとりかかりましょう。その国の保育の歴史、現在の保育の特長・思想、特に注目したい保育の環境についてリストを作成することから始めましょう。

②発展的な演習課題
　厚生労働省が公表している最新の「人口動態統計」や社会保障審議会児童部会の資料を選んでダウンロードし、読み込んで考察をしてみましょう。日本の子どもたちを巡る現状をよく知って、これからの自分の保育に活かすことについて考えてみましょう。

【引用文献】
1）秋田喜代美「なぜいま、あらためてレッジョ・エミリアか」（『発達』156）ミネルヴァ書房　2018　p.2

【参考文献】
子どもの死亡率の国際比較については、WHO, World Health Statistics を参照
富田香「スマートフォン（スマホ）と子どもの眼」（「月刊母子保健」727）、2019 年
WHO：To grow up healthy, children need to sit less and play more. 2019
大宮勇雄『学びの物語の保育実践』ひとなる書房　2010 年など
厚生労働省「平成 28 年国民生活基礎調査」2018 年

「子ども虐待による死亡事例等の検証結果等について（第15次報告）の概要」社会保障
　審議会児童部会児童虐待等要保護事例の検証に関する専門委員会（令和元年8月）

監修者・編著者紹介

●監修者

秋田　喜代美 （あきた　きよみ）

東京大学大学院教育学研究科博士課程修了。博士（教育学）。東京大学大学院教育学研究科教授等を経て、現在、学習院大学文学部教授。

日本保育会前会長（第7代）、日本保育学会理事（現在）。内閣府子ども・子育て会議会長。

・主な著書

『新　保育の心もち　まなざしを問う』（単著）ひかりのくに　2019年

『園庭を豊かな育ちの場に：質向上のためのヒントと事例』（共著）ひかりのくに　2019年

『教育のワールドクラス：21世紀の学校システムをつくる』（共監訳）明石書店　2019年

三宅　茂夫 （みやけ　しげお）

兵庫教育大学 連合学校教育学研究科 学校教育実践学専攻博士課程修了。博士（学校教育学）。広島市立小学校教諭、幼稚園教諭、幼稚園長等を経て、現在神戸女子大学教授。

日本乳幼児教育学会常任理事、日本保育学会評議員、兵庫県明石市教育スーパーバイザー。

・主な著書

『幼児期の道徳性を培うコミュニケーション環境の構築』（単著）みらい　2011年

『シリーズ知のゆりかご　教育・保育カリキュラム論』（編著）みらい　2019年

『新　基本保育シリーズ14　保育内容総論』（共著）中央法規出版　2019年

『MINERVA はじめて学ぶ保育2　教育原理』（編著）ミネルヴァ書房　2020年

●編著者

東　義也 （ひがし　よしや）

静岡大学大学院教育学研究科修士課程修了。修士（教育学）。児童養護施設児童指導員、幼稚園教諭、保育園園長等を経て、現在尚絅学院大学教授。

日本キリスト教教育学会理事、日本パペットセラピー学会理事。

・主な著書

『保育内容総論　生活・遊び・活動を通して育ちあう保育を創る』（共著）同文書院　2019年

『パペットセラピー入門　パペットセラピーの理論と実践』（共著）日本パペットセラピー学会　2017年

『キリスト教保育125年 ―「日本キリスト教保育百年史」からの動向』（共著）キリスト教保育連盟　2014年

シリーズ 知のゆりかご
子どもの姿からはじめる領域・環境

2020 年 5 月 30 日　初版第 1 刷発行
2022 年 7 月 20 日　初版第 3 刷発行

監　　修　　秋田　喜代美
　　　　　　三宅　茂夫
編　　集　　東　義也
発 行 者　　竹鼻　均之
発 行 所　　株式会社みらい
　　　　　　〒500-8137　岐阜市東興町40　第 5 澤田ビル
　　　　　　TEL　058 - 247 - 1227 ㈹
　　　　　　FAX　058 - 247 - 1218
　　　　　　https://www.mirai-inc.jp/
印刷・製本　　サンメッセ株式会社